U0478711

新阅读文库

园长故事会

樊青芳 著

……………………

海峡出版发行集团 | 福建教育出版社

图书在版编目（CIP）数据

园长故事会/樊青芳著．—福州：福建教育出版社，2018.9
（新阅读文库）
ISBN 978-7-5334-8153-7

Ⅰ.①园… Ⅱ.①樊… Ⅲ.①学前教育－教学参考资料 Ⅳ.①G613

中国版本图书馆CIP数据核字（2018）第112731号

新阅读文库
Yuanzhang Gushi Hui

园长故事会

樊青芳 著

出版发行	福建教育出版社
	（福州市梦山路27号 邮编：350025 网址：www.fep.com.cn）
	编辑部电话：0591－83726908
	发行部电话：0591－83721876 87115073 010－62027445）
出 版 人	江金辉
印 刷	福建省地质印刷厂
	（福州市金山工业区 邮编：350011）
开 本	710毫米×1000毫米 1/16
印 张	11
字 数	153千字
插 页	2
版 次	2018年9月第1版 2018年9月第1次印刷
书 号	ISBN 978-7-5334-8153-7
定 价	25.00元

如发现本书印装质量问题，请向本社出版科（电话：0591－83726019）调换。

总　序

教育实验是一项细致而长久的工程，需要通过一代人去影响另一代人，不能急于求成，不能固步自封，一定要学会等待，一定要耐得住寂寞。

新教育实验更不例外。

中国教育有许多弊端，但仅仅是怒目金刚式的斥责和鞭挞，虽然痛快却无济于事。对于中国教育而言，最需要的是行动与建设，只有行动与建设，才是真正深刻而富有颠覆性的批判与重构。

新教育实验就是寓重构于行动之中，寓批判于建设之中。

新教育要做的，就是给教师和学生一种幸福完整的教育生活，一个开阔无垠的精神视野，让他们对人的内心的复杂性有更为深切的体验，不但要了解生命的伟大和宇宙的博大，而且要感受生活的丰富与人性的丰厚。

从2000年《我的教育理想》的出版，新教育思想悄然萌芽，到2014年《新教育文库》的第三版重订，此时此刻的中国大地上，2000多所学校的200多万新教育师生，正走在新教育的路上。

以追寻理想的执著精神、深入现场的田野精神、共同生活的合作精神、悲天悯人的公益精神，埋首耕耘，成就我们的人生、我们的教育、我们的民族——这就是新教育精神的本质内涵。

新教育追求高度，但永远不会高高在上；新教育培养卓越的教师，更关注普通的教师；新教育不是一个精英俱乐部，而是一个宽容开放的团队。新教育始终敞开胸怀，永远等待、拥抱理想主义者。真实的新教育，永远在田野中，在千千万万默默无闻的普通教师的教室里。

新教育人，就是这样一群有着共同梦想、遵守共同标准的志同道合者。彼此为对方的生命祝福，彼此珍惜生命中偶然的相遇，彼此郑重作出承诺，共同创造一间又一间完美的教室，共同书写一篇又一篇生命的传奇。

新教育不求无懈可击的理论体系，而是强调行动起来，在实践中思考，在实践中提升，在实践中成长。帮孩子成为自己，让我们成为自己，一个完整的幸福的自己。我们不是人类文明的创始者，但人类文明可以通过教育的伟大理想穿越时空，通过我们今天的行动变为现实。

当然，我们也知道，只有对新教育的认识从"概念"向"信念"推进，由"理想"转向"思想"引领，激发出人们深沉的情感、执著的意志，从精神世界的积淀表现为主体的自觉行动时，新教育实验才可能真正成为人生力量和教育智慧的策源地。

新阅读文库，正是总结、梳理、传播新教育人的所行所思所得的一种努力。无论是经验还是教训，这一路跋涉的足迹，都将成为指向明天的路标。

我们并不准备用一部部书籍堆砌功名的城堡，但我们盼望这一部部心血凝成、行动书写的图书，能够成为一块块砖石，铺就一条通往彼岸的桥梁。

那么，新教育的彼岸是什么模样？

我想，彼岸是一群又一群长大的孩子，从他们身上能清晰地看到：政治是有理想的，财富是有汗水的，科学是有人性的，享乐是有道德的。

亲爱的新教育同仁，我们正在这条通往彼岸的船上。让我们同心同行，过一种幸福完整的教育生活。

行动，就有收获。

坚持，才有奇迹。

朱永新

2018 年 1 月 21 日于北京滴石斋

序

阅读之功在不舍

亲子教育作家、中国教育报资深记者　张贵勇

有着百年历史的商务印书馆店内纪念墙上，题有张元济的一副对联：数百年旧家无非积德，第一件好事还是读书。

读书虽好，但阅读之习气并未随着经济发展而蔚然成风。尤其是进入信息时代，阅读在家庭、学校、师生那里似乎没有四处开花，反而有种日益凋零之意。在许多人被电子设备绑定的社会大背景下，阅读惯习因此变得难得，读书种子愈发显得可贵。

樊青芳就是自身发光的阅读种子，她用多年的幼儿园共读经历，塑造着幼儿的阅读观，改变着当地的教育生态。从她身上，可以看到阅读在教育一线燎起的星火，看到这片星火在越来越多幼儿生命里留下的教育之光。这本《园长故事会》与其说是她坚守阅读的例证，不如说是树立了教育人应学习的榜样，呼吁更多民间力量存续阅读的根脉。

坚持就是力量，在稍显浮躁的时代，数年坚持做一件有意义的事，尤其显得可贵，也可谓是教育者的重要禀赋。作为有着15年经验的教育媒体人，我越来越觉得，做教育，追求理想的教育，真的不在毕其功于一役般做一番惊天动地之伟业，而是能否老老实实数年如一日地做好一件小事，如跟学生一起读书、做好每天的教育记录，或坚持写教育反思。

难得的是，樊青芳两者都做到了，这本《园长故事会》是她给幼儿讲述51部绘本的全方位记录，其中既有讲述时间、讲述对象，讲课内容、讲述方式，也保留着讲述时幼儿的反映、动作和语言，如讲述《遇见你，真好》时幼儿对红果子的关注，而不是关注霸王龙最终的命运结局。这些文字看似琐细，却有着很高的教育价值，是对教学的原生态呈现、第一手的教育观察笔记，更是对儿童最直接、最有效的研究方式。

《园长故事会》也是对绘本阅读的深入审视，即不局限于故事性绘本，还涉及科普、认知和心理疏导等主题。选本无论随意还是别有用意，都经过了思考，为同行提供了借鉴，道出了绘本阅读的内在规律，如不带着强烈的目的去读、师生之间享受阅读的过程、讲述同样的绘本不同老师要发挥各自所长、同样的绘本讲给不同年段幼儿要采取不同方式、珍视幼儿的提问并给予恰当回应等。明白并遵守这些内在规律，绘本阅读便能创造更多惊喜。

书中还介绍了给幼儿讲绘本的其他注意事项，如小班幼儿刚接触绘本，要引导他们学会看绘本，没必要非让他们说出看到了什么、想到了什么，提问往往会让他们失去听故事的兴趣，即以老师讲故事为主，才是阅读之法；在孩子感兴趣的地方，老师可以多聊两句，给孩子创造一个轻松愉悦的阅读环境，至于聊什么，大可任由幼儿自主发挥。这些从实践中摸索出来的绘本阅读经验，应该说非常有价值。

结合幼儿的认知特点，尊重绘本阅读规律，樊青芳力求做好阅读层次的分级分类分等，选本上做到了有趣有益有营养，因此《园长故事会》呈现出越来越明显的教育味道，可以作为幼儿园绘本教学的重要参考。

更重要的是，《园长故事会》验证了绘本之于儿童生命的启迪，也道出了教育的秘密。好的教育是一种陪伴，一种心与心的影响；好的教育就在与儿童的互动中，在与儿童就美好故事的分享中、讨论中；好的教育是寓教于乐、教学相长，更是老师与学生共赴一场开蒙启悟的生命之约。好教育其实没什么秘诀，不过是有心、有道、有坚持。

当然，书中也有不足之处，如选本方面，国外引进的经典绘本较多，国内优秀绘本相对较少。绘本主题也有很大的扩展空间，幼儿对于绘本的反馈可以描述得更细一些，深挖一些，尤其是那些出乎教育者意料之外的细节，这对于研究幼儿心理、进一步做好未来的绘本阅读，是很有价值的第一手材料。

不管怎样，很高兴看到《园长故事会》的出版，看到樊青芳的一年年成长。荀子曰，骐骥一跃，不能十步；驽马十驾，功在不舍。如果说培育终身读者亦是教育者的目标之一，那么阅读显然应该成为孩子的生活方式。期待更多的老师向樊青芳学习，这样的阅读榜样多一些，也便多一些读书的种子、幸福的童年。

自 序

从2013年上半年开始，我们在幼儿园推行绘本阅读，但效果一直不是太好，老师们自己读绘本的兴趣不大，给孩子讲绘本兴趣更不大。于是越不讲，对绘本越不感兴趣，就这样形成了一个循环怪圈。我努力动员、说服，都收效甚微，总是头一两天管用，过后又回归原样。那时真是很着急，却又不知该如何解决。后来我想：总是强调让老师们给孩子讲绘本故事，不如我自己坚持去读去讲，给老师们做表率。于是，从2013年下半年开始，我尝试每天进班给孩子讲故事，并把这个活动称之为"园长故事会"。谁知，这一讲，我还上瘾了，不讲倒觉得不舒服了！

坚持两年后，初见成效。老师们读绘本的兴趣有了，很多年轻教师甚至迷上了绘本，回家给自己孩子讲，到幼儿园给班上孩子讲，都跟我一样上瘾了。我从最初不知如何讲，拿一本书照本宣科去读，到如今或读或编或改或临场发挥，已是游刃有余。每天早晨总是和孩子们一样期待早早到园，坐在某一个教室，一群孩子围着我，在温暖的晨光里，和孩子们一起笑着，回味着，思考着……每每回想起来都温馨难忘。有时一个故事讲完孩子们并不尽兴，要求再讲一个，挡不住孩子期盼的眼神，撒娇的祈求，就又讲一个，甚至两个。有时到吃饭时间了，只能停下，告诉孩子下次再来，给他们留点想头，让他们期盼我下一次的到来。慢慢地，我习惯了给孩子讲故事时，听到孩子"咯咯咯"的笑声，小心呵护着孩子们的奇思怪想。偶尔外出学习，几天没有进班讲故事，心里会感觉空荡荡的，好像少了什么，甚至内心还会有些愧疚感。每天早晨讲故事已成为我生活的一部分，也成了孩子们期盼的时光，更成为幼儿园一道别样的风景。

有一次，我因有事几天没进班讲故事。中午郝副园长告诉我，中二班有个女孩问她："园长什么时候来给我们讲故事啊，她前几天答应我们了。"我想起上次在他们班讲故事时，故事讲完了，孩子们不让走，要求再讲一个。因为已经到早餐时间了，我就说过两天我再来讲。我这"过两天"是大人之间很随意的一种说法，并不特指"两天"，而是说下一次有时间再来，但孩子却掰着手指头等了两天。我突然很自责，感觉自己对孩子们太随意太不负责任了，明知道"要用儿童的视角来和孩子交流"，却不经意间忽视了孩子的感受和孩子的认知特点，明天一定要去他们班讲故事了，还要和孩子说声"对不起"！

每次拿着书去讲故事时，在楼道里遇到刚来园的孩子，他们总是拉着我说："园长，去我们班讲故事吧！"这是我最有成就感的时刻。于是我拉着孩子的手一起走进教室，此刻我和孩子的脸上肯定都是最最幸福的微笑。但也偶有小插曲发生的时候。有一天早晨，我拿着书走到走廊，同时碰到大班和中班的孩子，他们几乎同时拉住我说："园长好！今天去我们班讲故事吧！"这可不好办了，但也正好考验考验他们的沟通能力。我蹲下来跟两个孩子商量："如果先去给一个班讲故事，只能讲一个故事。后去给另一班讲故事，可以讲两个故事。你们自己商量决定先给哪班讲故事，后给哪班讲故事，好吗？"两个小男孩手拉手到一边嘀嘀咕咕商量了一会儿，大班的孩子告诉我："先去给中班讲故事吧，讲完后，一定要去我们班讲两个故事。"等待他们商量的过程和猜测他们商量的结果本身就很有意思，看他们嘀嘀咕咕商量，很是好奇他们说了些什么，怎么沟通到位的。在讲故事之外，我也不断有这样的小开心和收获。

　　这本书是我摸索着给孩子讲故事的记录，也许不是那么完美，但它真实地记录了我和孩子一起探索图画书的历程。这期间有读故事不同方式的尝试，有给不同年龄段幼儿选择不同故事的尝试，也有给不同年龄段幼儿讲同一个故事的尝试……不管什么形式，我都怀着一颗向往美好之心，去给孩子们讲故事。也许我只是在孩子心中播下一粒小种子，或许我并不能守候到它们发芽、成长、开花、结果，但这并不影响我享受着讲故事的过程，和孩子们一起经历着或喜、或悲、或惊、或愁的情感，一次又一次守护着我和孩子们在故事中的小秘密，守护着属于我和孩子们独有的幸福。

　　如果你是一位幼儿教师或是一位母亲，如果你想读故事给孩子听，想让你的声音、你的爱陪伴孩子成长，在本书里给你提供了51篇绘本讲读过程，推荐了80多本经典绘本。有很成功的；也有虽不成功但带着改进的思考的；有读完故事和孩子做延伸游戏的；也有故事本身就是和孩子一起来玩的……希望你读完或多或少能收获一点经验，找到一点你想要的方法，避免一些可能的误区。

　　当你和孩子读完这些绘本故事，也许不会使孩子马上爱上阅读或养成阅读习惯，但你和孩子之间一定会增加许多快乐亲密之感。如果读某一本书恰巧给你带来一些灵感，那你不妨尝试用更多种阅读方式给孩子讲故事。我讲故事没有固定的套路，没有行之有效的固定方式，因为一千个人读同一个故事可能会有一千个样子。希望猛然间你会发现，原来很多故事可以边玩边读；原来不提问题也可以引导孩子思考；原来我们只要把心放在故事中，故事就有了灵魂，会把你想告诉孩子的一切悄悄放进孩子的心田……

　　如果真能这样，我在享受讲故事的幸福之外，又将收获另一种幸福。

目 录

第一辑　小班故事会

1. 给孩子讲故事　…　3
2. 做让自己快乐的事　…　6
3. 拥有共同语言　…　9
4. 笑点最高的故事　…　11
5. 帮孩子走过第一次　…　14
6. 快乐数学　…　16
7. 我们一起刷刷牙　…　19
8. 好玩的绘本　…　22
9. 认识餐具　…　25
10. 春日读书，童心向暖　…　28
11. 给孩子一个郊游的梦想　…　31
12. 这是一个谎言　…　33

第二辑　中班故事会

13. 战胜自己的缺点 … 39
14. 爸爸最勇敢 … 42
15. 图画比文字更重要 … 44
16. "味道"需要自己品尝 … 46
17. 经历是财富 … 49
18. 怪兽是什么？ … 52
19. 一个智慧与贪心的故事 … 54
20. 适合中班的绘本 … 57
21. 请你来想办法 … 60

第三辑　大班故事会

22. 回忆童年 … 65
23. 很多东西比知识更重要 … 68
24. 幸与不幸 … 71
25. 只要孩子喜欢 … 73
26. 影子的故事 … 77
27. 我们是怎么来到这个世界的 … 79
28. 腊月的主题活动绘本 … 81

第四辑　讲同一作者的系列书

29. 与孩子一块走进艾瑞·卡尔　…87
30. 看似简单其实不简单　…90
31. 和孩子一块动起来！　…92
32. 我们都有责任和义务　…95
33. 绘本的年龄是多大？　…97

第五辑　和教师同讲一本书

34. 找秘密　…103
35. 快乐其实很简单　…106
36. 体验共享的美好　…109
37. 小班和中班是有区别的　…113
38. 学会简单对比　…118
39. 坐上鲁拉鲁的自行车　…120
40. 观察鲁拉鲁先生的变化　…122
41. 美在人心　…125
42. 我们的世界　…128

第六辑　大中小班同讲一本书

43. 慢慢来　… 133
44. 我是中班的大野狼　… 136
45. 我是最厉害的大野狼　… 139
46. 习惯是慢慢播种的　… 143
47. 家长需要正确理念引导　… 146
48. 单纯地讲故事给孩子听吧！　… 149
49. 看着孩子成长　… 152
50. 可爱的孩子们　… 155
51. 生日快乐！　… 158

第一辑
小班故事会

  2012年末我们开展了绘本阅读活动。2013年暑假前，为了让即将入园的幼儿和家长提前了解绘本阅读，从8月份开始我们每天组织家长带孩子来上一次亲子阅读活动：讲一个故事，做一个延伸活动。没想到很多幼儿迷上了听故事，每次到活动时间都是主动要来。有了这样的准备，到正式入园时，孩子因为有了伙伴，熟悉了老师，和家长分离就不再那么恐惧。很快大部分新生就能自己进班，不再哭闹，偶尔哭闹时，老师一讲故事就没事了。

  看到故事对于孩子的重要性，为了让老师能坚持给孩子讲故事，从2013年下半年开始，我每天早晨进班给孩子讲故事。"园长故事会"正式开始了。

第一章

食車的歷史

1. 给孩子讲故事

(故事绘本：《遇到你，真好》，[日] 宫西达也 文/图，蒲蒲兰 译，二十一世纪出版社)

早晨，我选了一本宫西达也的《遇到你，真好》来到小四班。进去时班上已有六七个孩子了。我说："我来给大家讲故事吧。"孩子们犹豫着围了过来，我把书放到桌面。有孩子说："我看过，妈妈给我讲过。"我问："你喜欢这本书吗？"说话的孩子点点头。孩子们都刚来幼儿园，有的还有点抽泣的样子，我没有进行太多交流，就开始讲故事，因为故事更能吸引幼儿，让他们开心起来。

当讲到霸王龙扑向小棘龙，我故意让声音很夸张："霸王龙扑向躲在红果树后的小棘龙，一口把又高又大的红果树咬断了。你听，霸王龙嘎吱嘎吱地嚼着树干，马上要扑向没有保护的小棘龙了……"我能感觉到孩子的担心。我自言自语地说:"也不知道霸王龙把小棘龙吃了没?"孩子有的说吃了,有的说没吃。我没接话,继续我的故事。卖卖关子,只为了吸引个别孩子的注意力,调动孩子参与到故事中的兴趣。

由于地震,霸王龙和小棘龙所处的这一块土地和大陆断开了,小棘龙每天要不断捕鱼让霸王龙吃,说到小棘龙把头扎进海里就能抓住一条鱼,孩子们眼神中满是惊讶和崇拜。

后面有一段对话:

霸王龙问小棘龙(抽抽搭搭):"你来这里干吗?"

抽抽搭搭悲伤地回答:"我妈妈病了。翼龙叔叔告诉过我,吃这种红果子能治病……"

"是吗?为妈妈来到这儿?"霸王龙说。

抽抽搭搭哭着说:"不知道妈妈现在怎么样了,她还在等我吗?"

霸王龙温柔地说:"你妈妈一定没事,她一定在等你回去呢。"

"谢谢,谢谢叔叔!"

霸王龙从来没听过别人对他说"谢谢"。

我以为孩子会感动,可是孩子们却讨论起了另一个话题。一个男孩子说:"红果子是什么?"别的孩子回答:"红色的苹果,还有红色的山楂。"然后孩子的话题就转到了:"我妈妈给我买过红苹果。"有一个女孩说:"我也吃过,我自己摘的红苹果,还有不红的苹果……"开始我还想让孩子回到故事中,转念一想,这不也是交流吗?借此机会让孩子说说各自的生活经历也挺好,同样发展了语言,也让我们了解孩子的生活经验。于是我就静静地听他们讨论。

看他们说得差不多了,我才说:"可是小棘龙妈妈生病了,他想给妈妈摘果子吃了治病,妈妈一定在家等着呢。"孩子们这才担心起来,有的说:"可是他回不去了。"我就说:"那我们看看后来怎么样了?"

最后,霸王龙把红果子树扔给小棘龙,自己却沉入了海底。孩子们没人关心霸王龙的生死,只是在说:"小棘龙可以去救妈妈了。"最后他们似乎也没人提起霸王龙，倒是我不忍心，说："也不知霸王龙怎么样了。"孩子们漫不经心地说："淹死了吧。"

我想告诉孩子："霸王龙为了救小棘龙，选择了牺牲自己。虽然开始他很凶，但他改变了。"话到嘴边又咽了下去，小班孩子，还是慢慢等待吧，随着时间推移，孩子们一定会慢慢体会到的。

延伸阅读："宫西达也恐龙"系列绘本（全七册），蒲蒲兰绘本馆出品，二十一世纪出版社

2. 做让自己快乐的事

（故事绘本：《菲儿——喜欢讲故事的红鱼》，[日]细野绫子 文，[波]麦克·格雷涅茨 图，蒲蒲兰 译二十一世纪出版社）

今天我打算去小班讲故事，于是就选了一本色彩相对亮丽、故事情节简单、构图不太复杂的绘本——《菲儿——喜欢讲故事的红鱼》。

小班幼儿刚入园，有的孩子还不太适应，哭哭啼啼的。我尽量把书竖起来，面向孩子讲，想引起他们的注意。教室里有十几个幼儿，有两三个在小声地抽泣着，我故意坐到他们身边，让他们观察封面，并告诉他们说这是一条红色的鱼，但他们只顾着哭不说话。其他小朋友则高兴地跟着说"红色的鱼"。"鱼身上有什么颜色的点呢？"很多幼儿说"黑色"，我又问他们家里养鱼了吗，什么颜色。小朋友有了共同的话题，一个说他们家的鱼小，一个说他们家的鱼是黄色的。我观察到那几个哭泣的小朋友也都开始关注我们的话题，虽然在我们讨论的间隙还会抽泣一两声，但听到有趣的和熟悉的事，会有安全感，暂时会转移注意力。

小班幼儿刚接触绘本，要引导他们学会看绘本，没有必要非让他们说出看到了什么，想到了什么，提问会让他们失去听故事的兴趣，所以还是以老师讲故事为主。在孩子感兴趣的地方可以多聊两句，多告诉孩子们一些东西，给孩子创造一个轻松、愉悦的阅读环境最重要。就像松居直在《幸福的种子》第一章所说，他之所以记着小时候妈妈给他读的儿歌，而记不得上学时的诗歌，是因为妈妈读儿歌时他的心情是放松的，愉悦的。

对这本书我尽量用了优美的语言，把故事形象地描述给孩子，在孩子们记忆里留下这温馨而美好的时刻。蝴蝶页是蓝色的大海，海底游过一群白色的小鱼，它们排着队，整整齐齐向前游，它们要去干什么？故事就从这里开始了，扉页上一条红鱼从水中游出来，那绿色的水草，就像我们的手掌一样，我伸出手和水草比画着。原来这就是那条会讲故事的小红鱼——菲儿。菲儿爱讲故事，它的故事吸引了许许多多鱼宝宝排着队来听，它讲故事的声音特别好听，它可以讲高兴的故事、伤心的故事，鱼宝宝们总是听着菲儿的故事就睡着了。宝宝们睡觉了，鱼妈妈们开心了，都来感谢红鱼。菲儿喜欢讲故事，所以对鱼妈妈说："做喜欢做的事，是很开心的，不用谢！"菲儿又钻进草丛中去准备明天的故事了。在草丛深处，红鱼菲儿在想第二天讲什么故事。它一个人孤零零的。有一天来了一条光彩夺目的黄鱼，它们都喜欢对方，就越游越近，越游越近……最后它们用嘴碰嘴的方式打招呼。因为它们没有手，只能这样，我们现在可以握握手打个招呼，明天来幼儿园时可以招招手和老师、伙伴打招呼。晚上它们就一块睡在那片大大的水草叶子上。第二天红鱼菲儿醒了，发现黄鱼不见了，只留下一堆黄色的鱼籽。红鱼伤心极了，把所有的鱼籽含在嘴里，急匆匆地去找黄鱼。鱼妈妈们迎了过来，关心地打招呼："早上好！"可是菲儿嘴里有鱼籽，不能说话。红鱼菲儿又遇到一群海马，海马们问："喂，菲儿，菲儿你要去哪儿？这可真少见呀！菲儿！"菲儿能回答吗？只有部分幼儿回答说："不能！"我并不勉强所有的孩子都回答，接着说："是啊！它嘴里含有鱼籽呢。"接着菲儿撞倒了螃蟹搭起来的金字塔，也不道歉就跑了，螃蟹们很生气，菲儿平时可是很有礼貌的。我没有解释，已有孩子小声地解释说："它嘴里有鱼籽。"翻到下一页，一条大大的章鱼医生，跟菲儿打招呼，章鱼很关心菲儿，看到菲儿和平时不一样，要帮它看看病，可是菲儿还是不说话。突然过来一条黑黑的影子，吓得菲儿躲进了草丛。"鲨鱼！"孩子们惊呼，是一条黑色的大鲨鱼，菲儿机智地逃掉了。我偷空瞅了一眼刚才还在哭鼻子的幼儿，他们早停止了哭泣，瞪大眼睛在听着。我接着讲，就这样菲儿游呀、游呀，它不吃也不睡，变得很瘦很瘦，它还在找小黄鱼。这天它一抬头，发现又回到了原来的家，而那条小黄鱼就在那片大大的叶子上。菲儿开心极了，开心得忘了嘴里的鱼籽，它想对小黄鱼说话，一张嘴，从嘴里一下子涌出了许许多多鱼宝宝，有红色的，有黄色的，原来那些鱼籽都是它们的孩子啊！讲到这儿，孩子们都发出"哇"的惊叹声，被这一页的壮观和绚丽吸引！从那天起，红鱼和黄鱼再也不分开了，它们领着一群孩子一起玩耍。晚上红鱼菲儿又开始讲故事了，这次听故事的鱼宝宝更多了。故事讲完了，那几个抽泣的幼儿虽然脸上挂着泪却都专注地听我讲故事呢！

由于是给小班孩子讲故事，我又把孩子感兴趣的几页给孩子们看了一遍，孩子们对红鱼碰到海马、螃蟹、章鱼、鲨鱼，和最后带着一群鱼宝宝最感兴趣，尤其喜欢最后菲儿给数也数不清的鱼宝宝讲故事的画面。他们数着鱼，说着颜色，还说鱼宝宝们像排着队一样。可不是嘛，刚来园的孩子正在跟老师学排队呢！所以把这个故事放到小班开学两个月后讲述会更合适呢。

延伸阅读：《海马先生》，[美] 艾瑞·卡尔 文/图，王林 译，明天出版社

3. 拥有共同语言

(故事绘本：《别学我》，曹俊彦 文/图，五洲传播出版社)

这是一本活泼轻快的绘本，很适合小班的孩子，文字是姐弟俩一问一答的模式，句式基本一样，符合幼儿喜欢重复的语言习惯，并在语言重复的过程中，让幼儿认识了大小、前后、高远、形状、颜色等很多知识。

此时小班刚入园一个月时间，还有部分幼儿早上入园时哭哭啼啼的，但听着绘本故事都能止住哭声，看来适合的故事还有疗愈的作用。《别学我》——故事的名字就很有吸引力，三周岁的幼儿正处于喜欢模仿的阶段，一听"别学我"就很感兴趣，但这本书并没有停留在你做什么我就模仿什么的阶段，而是让幼儿学会从同样一件事中去发现不同，培养幼儿善于观察创新的能力。

故事中姐姐一直告诉弟弟"别学我",可幼儿并没有感到姐姐讨厌弟弟,整个讲述过程,孩子们饶有兴趣地跟着学姐姐最后一句话"别学我",跟着学弟弟最后一句"我没学你"。几乎所有听故事的幼儿都乐此不疲地一遍一遍跟着学,越学越上瘾的感觉。最后就连脸上还挂着泪花的幼儿也小声说:"我没学你!"看来作者曹俊彦深深抓住了每一颗童心。

故事结束了,幼儿们还意犹未尽。我只好把封底的一幅图画也编出文字读给大家听:"我喜欢弹琴,你别学我!"我故意放慢速度说弟弟的对话:"你弹的琴……"幼儿有的说"大",有的说"没有颜色",我接着说:"我弹的琴……"幼儿有的说"小",也有的说"是绿色的"。下面一句孩子们几乎都熟悉了,跟着我一起说:"我没学你!"然后我们互相看看,一块开心大笑。

看到孩子们的兴致这么高,我决定再讲一遍,我把幼儿大致分了一下,部分女孩表演姐姐,部分男孩表演弟弟,一块分角色来读。为了降低难度,我跟孩子们一块读,有时提醒一下。开始时个别幼儿不好意思张口,看到有人大声跟我读,也跟着读起来,并且读的声音越来越大,越来越流畅。看来用这种方法带动不敢说话的幼儿练习说话很不错。另外,这个故事中多是重复性的句式,孩子容易掌握规律,有的幼儿可能读一遍句式,就掌握了这种规律,就可以大胆跟着说,有的幼儿要多练几次句式才敢跟着说。不过,只要孩子跟着说,慢慢练就会越说越好,就有了自信更敢于去说。

说实在,分角色读很乱,一开始有不好意思开口读的,后来又有不管角色是姐姐还是弟弟,都读了起来。但是孩子都很开心,这就是收获。第二遍结束了,我合上书说:"今天的故事就到这吧!"有一个小男孩指着教室后面的书架说:"那儿还有书,再讲一个!"我笑着说:"那就明天再讲好吗?"还是留着点想头,让孩子们有盼头,保留着兴趣吧!

延伸阅读:《跟屁虫》,[日] 宫西达也 文/图,蒲蒲兰 译,二十一世纪出版社

4. 笑点最高的故事

(故事绘本:《憋不住,憋不住,快要憋不住了》,[日]土屋富士夫 文/图,彭懿 译,贵州人民出版社)

我分享这本书是在看完彭懿老师的《图画书应该这么读》一文之后。在这之前不是太喜欢这种书的风格,也没把它放到经典之列,就随意把它放到一边了。可是看了彭懿老师的讲解,我爱上了这本能让孩子哈哈大笑的图画书。

拿着这本书走进小班,我想看看孩子们是否会如彭懿老师所说的哈哈大笑。我刚说我们今天讲《憋不住,憋不住,快要憋不住了》,孩子们就开始笑了,并重复我的话:"什么?憋不住,憋不住,快要憋不住了?"有的孩子说:"要尿尿吗?"还有孩子说:"尿床了?"很有共鸣的样子,看来这个名字很吸引孩子的。

英男问百货公司的售货小姐"尿尿在哪儿?"售货员小姐听成了"鸟鸟在哪儿?"就柔声说:"我帮你查一查。"孩子刚开始没反应过来,稍一停顿,便你看我,我看你,笑成一团,还说着:"鸟鸟?尿尿?"等大家笑了一会儿,我接着往下讲。售货小姐明白英男是找厕所后,告诉英男厕所在那边。英男急急忙忙冲到厕所前,却发现厕所正在维修,只好坐电梯去三楼。讲到这儿,我发现孩子们因为担心而很安静,有的孩子甚至等不及我往下翻页,小手开始帮忙翻页。原来一本好的故事书真的像彭懿老师说的,看入迷时,故事的魅力会促使我们往后翻页。

英男顺利上了电梯,应该很快到厕所了吧?可是没有!电梯关着门,服务小姐说:"电梯中间不停,直达顶楼。"这对于一个急着尿尿的人来说是什么概念?我不知道孩子们懂不懂,但我发现孩子们个个都在笑着,不知是抱着看笑话的心态还是有过类似的经历。

电梯直达顶楼,英男顺着楼梯往下跑。先碰到长颈鹿,长颈鹿把英男带到它的厕所,可长颈鹿的便池太高了,英男太矮了。英男接着往下跑,又碰上了蝙蝠、骨头架子和小妖怪,蝙蝠的便池是在半空中的,骨头架子的便池是镂空的,小妖怪的便池也像是个张着嘴的小妖怪,这可怎么办?……终于到了三楼,找到了一个正常的厕所,可以松口气了,却要先抽奖!抽奖完了后,英男终于冲进了厕所,却发现这个厕所是一个迷宫,便池在迷宫的最里面,这可怎么办?当孩子们随着故事,惊讶、放松、紧张、大笑,最后为英男担心的时候,作者突然告诉我们这是英男在做梦,孩子们终于松了口气。

可是英男醒了还是想尿尿,急急忙忙跑向家中的厕所,却被妹妹抢占了先机,只好上二楼厕所。英男终于顺利进了厕所(厕所是建在楼梯上的),尿完后感觉太爽了!我故意少读了这一句:"二楼厕所怎么建在楼梯上?"大部分孩子都替英男出了一口气,根本没多想,只有一个孩子说:

"厕所怎么在楼梯上啊?"我故作惊讶问:"啊,就是呢,这是怎么回事?"翻到下一页英男替我们解答了,"……等等,不对呀!"英男一边尿尿一边想:"我没有妹妹啊,再说,厕所怎么会在楼梯上?"

我停顿了几秒接着读:"……糟糕……可是,等他明白过来,已经晚了。"由于是小班,我又加了一句:"英男在床上画了一张地图!"

孩子们笑得前仰后翻,大叫:"尿床了,尿床了!"我笑着问孩子们:"你们尿床吗?"大家齐声说:"不尿!"我不由笑出了声,没有揭发他们,明明午睡时还有小朋友尿床了。我只是说:"英男尿床了,不过,也没关系呀!小的时候谁都会呢。"我发现有孩子松了口气,不觉在心里暗笑了!

看来正如彭懿所说,这是一本能让孩子从头笑到尾的图画书。不为别的,就为快乐,也该读给孩子听!其实本无所谓经典,孩子们喜欢读,愿意读,读的人多了,就成为了经典。

延伸阅读:《上厕所》,周翔 文/图,明天出版社

5. 帮孩子走过第一次

(故事绘本:《我可不怕打针》,[日]穗高顺也 文,长谷川义史 图,朱自强 译,河北教育出版社)

这是一本画风非常可爱的图画书,图中每一个孩子都是圆圆的脸,大大的脑袋。有意思的是前后蝴蝶页纯白色的纸上都画有两个大大的针管,翻到前蝴蝶页时,孩子们还没有太大的反应,讲完故事后,翻到后蝴蝶页时,孩子们指着自己的胳膊调皮地说:"我也不怕打针!"

故事情节很简单,但很符合孩子们真实的心理状态。看每一个听故事的孩子的表情就知道了。扉页上一位妈妈使劲地拽着儿子去打针,小男孩则一脸担心和害怕的表情。我问听故事的孩子:"你们怕打针吗?"孩子们有的点头,有的说:"怕!"我开始讲故事:小男孩想找一个打针不疼的国家，于是他变成火箭飞走了。在另一个国家他遇到了一个拿着大针管的假医生，打针特别疼，他就拿起大针管给假医生打了一针，假医生疼得哇哇大哭。这时真医生来了，竟是小蝴蝶和七星瓢虫，他们拿着一个很小的针管给他打针，竟一点也不疼，于是所有的孩子都跑来打针了。

我从给孩子讲故事中发现，当我们用好一本故事书，引导孩子去理解作者的意图或者讲故事人的意图，确实可以对孩子起到教育和心理疏导的作用。在这个故事中，我发现作者为了让孩子们不害怕打针，用了很多方法。首先是给自己鼓励，从心里战胜自己，不害怕。小男孩在医院里遇到其他小朋友时，有人问他："你害怕打针吗？"小男孩说："我才不怕打针呢！"这就是作者为孩子铺垫的第一步。其实也在告诉家长，在打针之前先要用各种方法，如夸奖法、鼓励法、激将法等，鼓励孩子勇敢、不惧怕，有时候心理作用更重要；其次要给孩子讲正确的知识和方法，比如后面看似是小男孩在胡思乱想，其实作者要告诉孩子，只要医生医术高明，有爱心，打针真的不疼。当孩子有了第一次这样的经历之后，他就真的"不怕打针"了。不仅仅是打针，所有人生的第一次都是这样。

最有意思的是，故事中美丽的小蝴蝶和七星瓢虫抬来了一个小小的、小小的针管。我一直认为那小蝴蝶就是医生手里的药棉，当孩子闭上眼睛打针时，医生轻轻地帮助孩子擦药棉那种感觉，是否就如蝴蝶的翅膀轻轻拂过。图上小男孩正眯着眼睛在看小蝴蝶和瓢虫，而在我们小时候闭着眼睛打针时，不也会偷偷地睁开点眼睛去看吗？看来图画书的作者和绘者一定要精通儿童心理学。

当我们让孩子从心里不怕打针，再给孩子一个美丽的故事——当然前提是找一位医术好的医生——孩子们一定会勇敢地经历自己生活中任何的第一次。

延伸阅读：《公主怎么挖鼻屎》，李卓颖 文/图，明天出版社

6. 快乐数学

(故事绘本:《一条尾巴十只老鼠》,陈木城 文,曹俊彦 图,五洲传播出版社)

这是一本难得的融数学和快乐于一体的科学绘本,内容包含了:从1到10的点数;数与物的对应关系;1和许多;个体与集合;还有用一条尾巴变出的10个数字的书写等与数学有关的内容。这些都融在了一个故事里,最重要的是它不是教孩子们学数学,而是让孩子们在玩中体验数学,走进数学,对数学萌发兴趣。

小班幼儿数学知识才到5以内点数,而这本书已经是10以内点数,但由于这本书故事性很强,生动有趣,孩子听起来并不困难,还很感兴趣。让孩子了解数字的奇妙,引起对数学的兴趣。如果放到中班,孩子们已讲过 10 以内点数，知道了数字形状，更容易接受，但也可能就没这么有趣了。

　　故事幽默诙谐，语言押韵。故事的开始就为孩子们营造了一个神秘的环境，月光下，一条尾巴从黑黑的土堆后露出来，接着是两只眼睛，语言配合极富有动感："咚！一条尾巴，动一动。叮，叮，两只眼睛，1、2，一闪一闪像星星。"下一页："啪！啪！啪！三颗芒果往下掉。妙—妙—妙—，是谁大嚷大声叫？"原来是三颗芒果落下来，惊吓了两只眼睛，一条尾巴的动物，发出了"妙—妙—妙—"的叫声。一条尾巴出现时，可以让孩子猜一猜是什么。这时也许孩子不知道是什么，猜错也不要紧，能让孩子有兴趣去猜想就好。两只眼睛出现时，再让孩子猜一猜，孩子内心的好奇这一刻一定被调动起来。当它发出"妙—妙—妙—"叫声时，孩子们马上就猜出是什么了。这也是作者高明之处，适当吊一吊孩子胃口，紧接着就让孩子品尝到猜中的小小喜悦。三只芒果掉下来惊吓了小黑猫，它拔腿就跑，文字是："拔起四条腿，拼命向前跑。"下面是一连串的故事情节，有拟声词、数词和量词。如"啪—啪—啪—啪—啪—，五棵大树，倒下来。"树倒的声音，声音的数量和大树的个数是对应的，图上是正在倒下的五棵树，五个树桩，树和树桩也是一一对应关系。

　　关于数字七的画面就更美妙和丰富了。语言也是顺口溜式的押韵、形象："小黑猫，一口气，穿山洞，过小溪，1、2、3、4、5、6、7，七座山上七面旗"；图上有七座山头，每座山头插着一面旗，并且旗是各种颜色的，也可以让幼儿对分解组合有了提前的经验储备，另外半山腰还飘着七朵白云，可见曹俊彦先生的细心和用心，也让每个孩子有每个孩子的发现，每个孩子每次看都有新的收获。

　　最后跑出十只小老鼠，作者着重进行了描述。开始跑出来时，发出了十声"唧唧……"的叫声。接下一页文字："五只小老鼠，树下学跳舞。五只小老鼠，咯噔咯噔爬上树。"有趣的是树上明显的只有四只小老鼠，孩子们早眼尖地发现了第五只，原来躲在树后面，只露出头和尾巴。这能培养孩子们认真观察的能力。下一页还是十只小老鼠,文字是:"五只树上学唱歌,三只树下开火车。请你告诉我还有几只呢?它们在做什么?"十只老鼠分成了三组,小班孩子可以不用去分解,只是跟着故事去寻找就行了,但是这种分组的方式会和故事一起存进幼儿脑海里。十只老鼠排成两队,每只老鼠的尾巴都翘成了一个数字"1、2、3、4、5、6、7、8、9",你猜第十只老鼠怎么表示"10"?它竖起尾巴变成1,抱了一个鸡蛋,正好组成10,有趣吧?

孩子们一开始只是听我讲故事,当我讲到五棵大树倒下来时,就跟着我一块开始点数了,看到篓子里面钻出十只小老鼠时,就开心大笑。正如严淑珍教授说的:这本书不但带给孩子们一段快乐的阅读时光,更把许多数学知识悄悄地放进了孩子的脑海中。

我感觉这本书更适合放到中班后学期讲。

延伸阅读:《首先有一个苹果》,[日] 尹东宽 文/图,蒲蒲兰 译,二十一世纪出版社

7. 我们一起刷刷牙

(故事绘本:《鳄鱼怕怕,牙医怕怕》,[日]五味太郎 文/图,上宜编辑部 译,明天出版社)

这个故事很简单,没有几个文字,却吸引了无数的孩子和家长。很多时候孩子们自己看时都会乐翻了天;亲子共读时,父母和孩子一起哈哈大笑;父母和孩子还把它编成了绘本剧,演了一遍又一遍,乐此不疲。

早晨到小六班,一个孩子正看这本《鳄鱼怕怕,牙医怕怕》,见我进来,拿给我让我讲故事。我拿起来准备讲时,很多自己看书的孩子也一块围了过来,大家都说:"我看过!""我也看过!"边说边围过来要我再讲一遍,这种情境足以证明孩子们对这本书的认可。

故事中文字很少,图画也很简单,是很适合小班幼儿的一本图画书。

他们并不识字，当我翻到一页时，却几乎每一个都可以准确地说出里面的文字，可以看出大家听这个故事的次数太多了。

第一页，鳄鱼一只手捂着腮帮子，嘴里说着："我真的不想去看医生。"第二页，鳄鱼说："但是我非看不可。"第三页，牙医在整理着工具，重复着同样的话。牙医把手伸进鳄鱼的嘴巴去钻牙时，他们同时"哎哟"一声。这一声，孩子们都懂：鳄鱼被钻疼了大叫"哎哟"，忍不住咬了牙医；牙医被咬疼了忍不住也"哎哟"！下一页，没有文字，孩子们发现鳄鱼捂着嘴哭了；牙医捂着被咬的胳膊掉泪了。"这是一件多么可怕的事！"孩子们却同时说。在上一页孩子们听到他们都大叫"哎哟"时还笑呢，这一页都已在担心了。再向后翻页文字是："但是生气是没有用的。"暗含着："我们该怎么办呢？"由于是小班，我把暗含的意思也讲给孩子，但并没有要孩子回答，因为下文中自然给出了答案：鳄鱼和牙医都勇敢地迈出了一步，鳄鱼勇敢地让牙医修坏牙，牙医勇敢地给鳄鱼修好了牙。虽说平时注意保护牙齿很重要，但也要让孩子知道如果有了蛀牙，一定要勇敢去看医生。

故事结尾很有深意，牙医和鳄鱼都说："多谢您了！明年再见。"心里却都在说："我明年真的不想再看到他……"最后一页的图画是小鳄鱼在刷牙。我问孩子们是否刷牙，怎么刷牙，并告诉他们："我们要早晚刷牙，认真刷牙。"还和孩子们一块伸出食指模拟刷牙的样子，一起读了一首刷牙歌："小牙刷，手中拿，天天早晚来刷牙，左刷刷，右刷刷，乐得牙膏开了花，上刷刷，下刷刷，小朋友露出小白牙。"还告诉孩子们要少吃糖果，多吃蔬菜、水果。这样我们的牙齿才能白白的没有蛀牙，不用去看医生。故事结束了，孩子们都张着小嘴，龇着小牙，告诉我他们的牙齿都保护得非常好！可是我明明看到好几个漏出黑黑的被虫蛀了的牙洞呢！好吧，我就当看不到吧，希望从今天起，每一个孩子都会认真刷牙。

书中牙医和鳄鱼的语言一模一样，虽是同样的话，意义可不一样。虽然小班孩子可以把书中的文字一字不差重复出来，但是他们还理解不了深层的含义。在讲这本书时,我体会到更好的讲读方式就是分角色表演,这样形象地再现故事,让小班孩子增加生活经验,有了身临其境的感觉,不仅便于理解故事内容,更增进了阅读的兴趣。

延伸阅读:《我绝对绝对不吃番茄》,[英]罗伦·乔尔德 文/图,冯臻 译,接力出版社

园长故事会

8. 好玩的绘本

(故事绘本:《点点点》,〔法〕埃尔维·杜莱 文/图,蒲蒲兰 译,二十一世纪出版社)

这是一本可以玩的绘本,让孩子百读不厌。我拿着这本书走进小班,孩子们就欢呼:"我看过。""我也看过。"我问:"那还要再听吗?"孩子们齐声喊:"要!"

准确说,这本书不是讲的,而是和孩子们一块儿玩的。第一页一个黄色的点,我告诉孩子:"按一下这个黄点,然后一起说'变',就会翻到下一页。"孩子们齐刷刷地伸出小手都争着要按书上的黄点。我只好说:"大家一块远远指着这个点说'变'就行。"我和孩子一块伸出手说:"变!"

同时，我快速翻到下一页，孩子们一阵欢呼："变了！变了！"图上出现了两个黄色的点。我说："我们再来一次！"孩子们又伸出手说"变"，这次变成了三个点。我笑着问："你们按了哪个点？"有的孩子指这个，有的孩子指那个。我让孩子们认识一个点在左边，另一个点在右边，让孩子轻轻地指一下左边的点，小声地说"变"，这次翻过去，左边的那个黄点变成了红色。孩子们一次又一次快乐地欢呼着，这也让我小有成就感。接着我们把每个黄点都点了五次，画面不断地变化。孩子们都已看过不止一遍，有的甚至都背出了下一页的内容，可他们还是跟我一块点数着，翻到下一页后，发现变化后欢呼着，好像我真的会变魔术一样。我忽然想起意大利作家皮耶罗·费鲁奇在《孩子是个哲学家》说到反复和儿子玩同一个游戏，并且乐此不疲。游戏是不分年龄的，当你用孩子的心态和孩子一起玩游戏时，你就会和孩子一样得到快乐，孩子也会因你真正地融入而获得更多的快乐。这就是每一个孩子的天性，这是他们这个年龄的一种生活节奏，虽然他们明知道结果，明知道下一个动作，或是下一句话是什么，也喜欢一遍一遍重复去做，并从中获得快乐。其实孩子们收获的不仅是快乐，更是在一遍一遍重复中掌控了规律，从而获得了安全感。孩子们也就是在反复经历这些可以控制和把握的事中，有了成就感，建立起了人生的第一份自信。

当我们玩到把书摇一摇时，孩子们似乎一个个都在期待着惊喜的出现，有的还给我出主意，让我按顺时针摇，或逆时针摇，用力大一点，或用力小一点。当故事讲到按图中所有黄点时，我为了让孩子们分清黄色，就让他们都一块靠拢过来按，并故意说："劲太小了，没变！"于是孩子们就铆足了劲按。看着他们憋红了脸，伸着食指使出吃奶的劲一起按时，我也收获了开心和幸福，为他们的认真，也为他们的天真。翻过下一页时，我和孩子们一样开心，孩子们为图的变化，为自己让图发生变化而开心，我则为看到孩子们开心而开心。

最后几页，点在孩子们的拍手中越来越大！孩子们在我的指令下，拍一下，拍两下，拍三下，越拍越大。孩子们越拍越有劲，我这时也和孩子们一块进入了故事，和孩子们一块期盼着再大一点，再大一点……图上的点越来越大，也越来越少。当只剩下一个黄点时，我请求孩子们这次让我按一下，大家都同意了。于是我按住这个大大的黄点中心那个白色部位，让孩子们一块说"变！变！变！"随着孩子的声音翻到下一页，大点不见了，图上又恢复了最初那个小黄点。我和孩子们开怀大笑，我问："孩子们，再玩一遍还要吗？"孩子们开心地齐声说："要！"

就这样一个简单的故事拉近了我和孩子们之间的距离，给孩子们带来了快乐，也把我重新带回到了天真烂漫的时光。

对于刚接触绘本的孩子，可以选择这样的绘本讲给孩子听，让孩子轻松喜欢上绘本。

延伸阅读：《变变变》，[法]埃尔维·杜莱 文/图，桂桂 译，二十一世纪出版社

9. 认识餐具

(故事绘本：《餐具总动员》，[日]植垣步子 文/图，周龙海、彭懿 译，连环画出版社)

看到这本书，我首先想到的是根据故事给孩子设置这样一个区角也不错。

由于是给小班讲故事，我先打开环衬让幼儿从图中找自己认识的餐具，说一说这是做什么用的？有些不认识的，我一个一个告诉他们，这样既扩展了幼儿的生活经验，也更容易让他们参与到故事中来。在认识环衬上的这些餐具时，我发现孩子们对接触多、见得多的餐具感兴趣，对生活中很少接触到的餐具不感兴趣。我就根据孩子的反应，对孩子感兴趣的常见的餐具多聊一些。

讲完故事后，我感觉这本书放到中班去讲效果会更好，小班幼儿生活经验相对少，现在又多是独生子女，都很少到厨房去，大部分幼儿只认识碗、茶壶、茶杯等吃饭或喝水的用具。对做饭的用具，几乎没接触，大家都不熟悉。不过讲完故事，我也意识到，我需要引导家长，让孩子去认识、熟悉这些用具，在做饭时多跟幼儿聊一聊用到的物品，也让幼儿在日常生活中尽可能帮父母做力所能及的事。在幼儿教育中幼儿教师要学会适机引导家长建立正确的育儿观念。

整本书中，孩子们最感兴趣的是蝴蝶页，所有的餐具都拟人化地做了介绍，包括各种调味品、茶具一家子、各种功能的锅，并且都有名字和称呼。比如茶具一家子共有13口人：爸爸、妈妈、盘子哥哥、茶碗姐姐、大儿子、大女儿、二女儿、三女儿、茶杯老爷爷、茶壶老爷爷、茶碗老奶奶、茶碗老爷爷，还有茶叶筒阿梅婆。里面老爷爷面容很沧桑，几个女儿画得很漂亮，这样的形象很让孩子喜欢！大家一块从里面找自己认识的，或者看着像什么，就开始进行讨论。这种讨论是很有利于开发孩子创造性思维的。蝴蝶页内容很丰富，孩子们认认真真找了一会儿，等孩子们找得、说得差不多了，我再按照顺序一一介绍给他们。

孩子们对"腌菜桶大叔"和"茶叶桶阿梅婆"的名字比较感兴趣，我就重点介绍。当我介绍茶碗老奶奶和茶碗老爷爷时，有的孩子反复大笑，也不知为什么。

我告诉孩子们故事就要开始了，大家可以一边听我讲故事，一边在图中找我们刚才介绍的东西。为了给小班幼儿一个完整的故事情节，故事中不做穿插介绍和说明。故事讲了歌子大妈是一个勤劳的，做饭很好吃的大妈。有一天歌子大妈生病了，所有的餐具一块来关心她。大家决定一起熬一锅粥。故事中大家唱的唱，跳的跳：砂锅出场，大米下锅，擦碗布不听饭碗警告在火边手舞足蹈，一不小心被火烫到了屁股，幸亏饭碗手疾眼快，一碗水浇灭了火。大家齐心协力、手忙脚乱，帮歌子大妈做了一碗咸梅粥。孩子们最喜欢餐具捣乱又可爱的样子，我也喜欢，因为餐具就是我们可爱孩子的化身。歌子大妈吃到大家精心熬的粥病就好了，并开心地唱起了歌。故事尽量让孩子感受到做饭的快乐，体会一个大家庭要互相关心、帮助和友爱。

我想如果在中班讲，就可以让幼儿自己选角色，来一次过家家表演了。

延伸阅读：《晚安，月亮》，[美] 玛格丽特·怀兹·布朗 文，克雷门·赫德 图，阿甲 译，北京联合出版公司

10. 春日读书，童心向暖

(故事绘本：《寻找春天》，[日] 久保秀一 摄影，七尾纯 文，李丹 译，河北少年儿童出版社)

"亲亲自然"是一套摄影作品，拍摄的清晰度自不用说，关键每一幅作品都带有灵性。不知是摄影者抓住了时机，拍摄角度好，还是作品中的鸟会言语，花通灵性。这一幅幅照片被七尾纯配上童话般的文字，就成了一个真实的生活故事。

而用真实的景物讲一段真实的童话，这套"亲亲自然"让生活走入童话，让童话还原生活，给了孩子一个美丽的传说。

抛开上述的教育意义，单是每一幅图的形象、清晰、逼真，就已深深吸引了每一个孩子。更何况在春分过后，花儿刚开，虫儿要出来时，孩子们多么期望跟着七星瓢虫一起去寻找春天，了解春天到来的感觉。选一本《寻找春天》让孩子们认识蜗牛、蝴蝶、蜜蜂、蓬飞春、蒲公英、油菜花等各种动植物；知道春天来了，小动物就出来玩了，花儿会随着气温的升高慢慢开放，这是自然规律；让孩子在周末离开电脑、电视到大自然中寻找自己眼中的春天，感受生命中的那份喜悦，这就是书的魅力。

故事中很多情节都能引起孩子们对生活经验的回忆。七星瓢虫，每个孩子都熟悉，但他们不知道七星瓢虫是一个勤快的小动物，早早出来招呼大家：春天到了。看到蜗牛，他们想到自己不愿起床的早晨；看到蝴蝶，他们知道了不仅有美丽漂亮的蝴蝶，还有像枯草叶一样不起眼的蝴蝶，但正是像枯叶一样的颜色，保护了它的安全。当孩子们看到蒲公英由含苞待放的花骨朵一下绽放出灿烂的金黄的笑脸时，那种发自内心的惊呼和童真的赞叹让每一个人动容。这就是生命的力量啊！当我想着每一个孩子都应该知道油菜花是金黄色时，他们却给了我出乎意料的答案，他们有的认为应该是红色的，有的认为应该是绿色的，还有的认为是蓝色的，竟没有一个孩子说是黄色的。当我翻开下一页，一片金黄色的油菜花展现在孩子们面前时，他们才突然醒悟，甚至惊呼：我见过，就是黄色！看来孩子们是善忘的，更是善于想象的。

当我说道："花儿都开了，虫儿都出来了，春天真的到来了！"我的语言没有修饰，没有强调，但好几个孩子都跟着我说："春天真的到来了！"我从他们的眼眸中读到喜悦和向往。此时我心中也充满了欣喜，既有被书中春天的气息感染的喜悦，更多的是看到孩子们对美好无限向往的欣慰。

这本书可以在小、中、大班都给孩子读一读，聊一聊，然后指导家长进行一次"寻找春天"的活动。小班的孩子可以到大自然去找一找，有哪些植物、动物苏醒了，让爸爸妈妈帮忙拍摄下来，把这些图片带到班级与小朋友分享；中班的孩子可以自己拍摄自己眼中的春天，把照片洗出来制一本影集，爸爸妈妈可以帮其配上文字，让孩子根据影集讲一讲春天的故事；大班孩子除了可以拍照片，还可以拿着彩笔画一画春天，讲一讲自己画中的春天。这样就像陶行知先生倡导的,要让孩子由知到行,再由行到知,把知和行统一起来。我们也可以仿照这套"亲亲自然"制作一套自己的原创绘本。

　　延伸阅读:"亲亲自然"系列(共11册),[日]久保秀一 摄影,七尾纯 文,李丹 译,河北少年儿童出版社

11. 给孩子一个郊游的梦想

（故事绘本：《我的郊游》，[日] 穗高顺也 文，长谷川义史 图，朱自强 译，河北教育出版社）

春天到了，大人孩子都要走出楼房，走出城市，到郊外去感受春天，感受一种生命的欣喜。选择这本书我想让孩子先从书中感受春的色彩，引发孩子对春的向往。

这是一个很简单的故事，但却是从孩子的视角，以孩子对郊游的向往开始的，故事中种种奇思妙想也只有孩子才想得到。

扉页上的一段话，让读者明白了孩子这种郊游方式的原因：今天要去郊游，快乐的郊游。可是，我却感冒了，在发烧……小读者一定在担心：那怎么去玩呢？而大人看了故事的名字一定在想：他怎么还去了呢？不同人不同感受，那就带着悬念读下去吧！

原来是"大头儿子"（我对故事中小主人公的称呼）太想去了，他的心神和思想去郊游了，一定很有趣吧！不但他去了，他还带着他的小猫咪，还有各种颜色和口味的草莓、葡萄、桔子、香蕉、桃子、哈密瓜的果汁。我想大头儿子把吃过的水果一定都带上了，都放到了他的水杯里，听故事的孩子们眼神里都透着羡慕，甚至有些孩子哈喇子都要流下来了。作者这创意太符合儿童的思维方式了。

更奇妙的想法是他乘着黑云去旅游，讲到这儿，听故事的孩子们都认为肯定要下雨了。还真是要下雨了！不过这朵黑云下的雨可是不平常，是喝了大头儿子果汁的五彩雨。这五彩雨让郊游巴士中的小朋友个个张大嘴巴，心里乐开了花，也让听故事的孩子流着口水羡慕着。

黑云下了雨之后，颜色越来越淡，越来越淡，最后变成了白云，这不是书上说的，可是孩子们自己从图上发现的。这时太阳公公出来了，一道果汁彩虹挂上了天空，听故事的小朋友们也都心情大好。这也预示着故事中的大头儿子不能去旅游的心情好转。听完整个故事孩子们都跟着主人公大头儿子来了一次梦想的春游。这想象让生病的大头儿子缓解了内心的压力，让听故事的孩子过了一次春游瘾，也为孩子们真正去春游埋下了一个伏笔。

故事很简单，但却很有创意，给了听故事的孩子巨大的想象空间，也在孩子心中埋下了去春游的种子。祝愿孩子们春暖花开的时候能有一次实现梦想的郊游。

这本书有两个词对于农村孩子要解释：一个是"郊游"，对小班幼儿可以直接把"郊游"替换为"到野外去玩"。中大班的幼儿可以给孩子解释一下这个词。另一个词是"巴士"，孩子们看图画会知道巴士就是公交车，对农村孩子我们可以让孩子知道这是学生专用的校车，同时引导孩子注意乘车的安全。

延伸阅读：《我可不怕打针！》，［日］穗高顺也 文，长谷川义史 图，朱自强 译，河北教育出版社

12. 这是一个谎言

(故事绘本：《方形的蛋》，[法]克里斯汀·诺曼-菲乐蜜 文，玛丽安娜·柏希侬 图，王娣 译，湖北少年儿童出版社)

这是一个关于谎言的故事，最初拿到书，我曾犹豫着要不要给孩子讲，给孩子讲一个没有结果的谎言的故事好吗？但不知为何我并不反感这个故事，内心希望讲给孩子听，还有点喜欢那个撒了谎的母鸡乔吉特。我希望看看孩子们对此的反应。就在这样矛盾中，我拿着书去了小班，来了一次不加自己观点，不进行说教的本色讲故事。

因为来得稍早一点，班里只有三个孩子，我让孩子们认识了母鸡，讨论了鸡蛋。孩子们都知道鸡蛋是圆的，我问他们鸡蛋有方形的吗？他们都说不知道。我让孩子们到养鸡场去观察一下，孩子告诉我，妈妈只带他们去买鸡蛋，不带他们去养鸡场。好可爱的孩子！

　　这次是完全本色地给孩子讲故事，没加一点辅料。一方面因为我真不知从何处切入，以一种什么心态去讲这个故事。另一方面我想观察孩子的反应。但是我发现小班的孩子没有太深入的思考，我是纯粹地讲一个故事，他们就是纯粹地听一个故事。我想这样也好，就暂将这《方形的蛋》作为一粒种子放在孩子心里，在某一天的某一个场景下也许就会发芽。

　　讲故事中，我发现我越来越喜欢这只说谎的母鸡——乔吉特的原因了。在故事开始，鸡太太、鸭太太、鹅太太们相互展示：有的说自己戴的是巴黎钻戒，有的说自己能连续飞行5360公里，有的说自己一晚上能收集13公斤蠕虫，还有的甚至说自己一晚上能下56个蛋。只有母鸡乔吉特缩在一个角落里默不作声，是自卑，是不屑，还是羡慕？就像一个穷人家的孩子来到一个富人堆里，自卑又无所适从。此刻我终于找到了这本书的切入口，当然也明白了这本书适合的年龄——4—6岁，孩子自尊形成的关键期，需要我们细心地呵护。而当孩子有了自卑时，这本书也就是一个很好的治愈故事。很多时候不需要讲大道理，只是给孩子讲一个故事就可以，这样讲给孩子更能给孩子适宜的爱，更能默默保护孩子正在形成的自尊。如果一个谎言可以让孩子敏感的心灵得以舒展，脆弱的心灵得以保护，撒谎又何尝不可，我们何必非要揪出谎言来，让孩子的纯真、善良的心去面对现实呢？

　　于是在大家都在炫耀时，可怜的母鸡乔吉特结结巴巴地说："我？我……嗯……今天早上，我……下了一个方形的蛋！"从语气中我们看到了乔吉特的矛盾和自卑，它只想保护自己。乔吉特一夜之间成了名人，可是1个谎言需要1000个谎言来掩饰，乔吉特风光一时，但同时被良心谴责和内心不安所折磨。故事最后，乔吉特发现大家并不关心你真的是否有一个方形的蛋，而是每个人内心都存在一种猎奇的心理罢了。当虚荣过后，真正的生活还要自己去过。母鸡乔吉特终于明白自己真正想要的不是别人的恭维和讨好，而是和自己最心爱的宝贝在一起。这个故事正好说明了4—6

岁孩子的世界里没有谎言和幻想，他们听到的，看到的，想到的，都真实存在于他们的世界中，而这些存在，是在他们想过、说过之后就会慢慢消失了的，这不是遗忘，而是成长。这也是一个保护童心，认识童心的过程。

这个谎言没有恶意，因为它不是去伤害别人，只是要保护自己，谁能说自己的成长过程中没有经历过这样的谎言呢？所以有时说了谎言，并不意味你是坏孩子。

延伸阅读：《先有蛋》，［美］劳拉·瓦卡罗·希格 文/图，余治莹译，河北教育出版社

第二辑
中班故事会

　　中班的孩子处于寻找友谊、自我认识和自我意识增强的阶段，在选择绘本上，我有意识偏重让孩子们学会和朋友相处，培养勇敢、坚强、探索、独立等品质，比如给孩子们讲读了《怎样才能不吃掉我的朋友？》《我爸爸》《好想吃榴莲》《想出名的河马》《我的宠物是怪兽》《扑通》《臭毛病》《我的兔子朋友》等相关绘本。

13. 战胜自己的缺点

（故事绘本：《怎样才能不吃掉我的朋友?》，[法]弗洛伦丝·塞沃斯 文，安娜依斯·维智乐 图，武娟 译，二十一世纪出版社）

    夏日的中午，骄阳似火。我们幼儿园的午休时间比较长，从12:00—2:50，将近三个小时。刚吃过饭，想活动一下再休息，就信步来到离单位不远的新华书店绘本馆。好长一段时间没来了，添的新书真不少。我拿了一本《怎样才能不吃掉我的朋友?》看起来，一来这本书封面柔和的色彩吸引了我，二来特别的书名也吸引了我。

    黄色的小恐龙，很可爱，也很吸引人。它很喜欢交朋友，喜欢和朋友聊天，但最后总是控制不住自己把好朋友吃掉，它自己也很伤心，决心不再交朋友了。这使我想到现在的孩子好多都是独生子女，他们真的希望和小朋友一块玩，但又不知道如何去接触对方，如何相处，往往是想要表达喜欢，却伤了对方。孩子们和小恐龙一样，需要学习如何克制自己，与朋友和善相处。

这时，一只会念咒语、会做蛋糕的小老鼠出现了，它能做出美味的蛋糕，让小恐龙吃，这样小恐龙就不饿了。当小恐龙克制不住时，小老鼠就会念咒语使自己变得难吃，就这样，小恐龙学着控制自己不去吃小老鼠，小老鼠也想办法帮助小恐龙。当小老鼠告诉小恐龙，自己胳膊受伤了不能做蛋糕时，小恐龙竟提出自己来做。在小老鼠的帮助下，小恐龙做出了美味蛋糕，一点儿也没有想要去吃掉小老鼠，于是小老鼠和小恐龙也就成了永远的朋友。

我不知道孩子们听完了这个故事，会不会明白其中的道理，但我知道孩子一定喜欢学着故事中的样子和朋友相处，一定会学着故事中的样子去帮助小朋友。

为了看看孩子们的感受，第二天早晨，我走进中班，和孩子们分享这本《怎样才能不吃掉我的朋友？》。孩子以少有的安静听我讲完这个故事，中间或担心或开心。听我讲到小恐龙忍不住饥饿一口吞下它的好朋友时，孩子们都愤愤不平地说："以后都不要和它做朋友了！"当一只来自另一片森林的小老鼠莫罗表示愿意和小恐龙交朋友时，很多孩子都很担心，有的说："小老鼠，你快走吧！要不，小恐龙会吃了你的！"有的说："小老鼠真傻！"可是当孩子们知道小老鼠会念一种让自己变得很难吃的咒语时，又都期盼着小恐龙吃一下试试。小老鼠莫罗正在做蛋糕时，小恐龙终于忍不住了，扑上去，一口吞掉了小老鼠莫罗。这时孩子们担心极了，有孩子说："小恐龙真坏！小老鼠给它做蛋糕，它还要吃了小老鼠。"一副愤愤不平的样子。于是看到因为莫罗难吃，被小恐龙吐出来时，又开心极了。一个男孩还模仿小恐龙吐出莫罗的样子。第三天，在小老鼠莫罗烤蛋糕时，并没有念咒语，但是小恐龙一直控制着自己不吃掉莫罗。当我讲到小恐龙趴在地上哭着喊："我要吃掉你！我要吃掉你！我要吃掉你！"时，孩子们攥着小拳头为小恐龙加油:"坚持!坚持!"最后蛋糕做好了,小恐龙坚持住了。这一张画面很让人感动,小恐龙流着泪精疲力尽地躺在地上,小老鼠莫罗蹲在小恐龙身上,用手抚摸着小恐龙的脸充满信心地说:"你看着吧,只差一点点,我们就成功了。"这里面有对小恐龙坚持的感动,也有为小老鼠努力帮助小恐龙的感动。第四天,小老鼠胳膊骨折了,不能做蛋糕了,它告诉小恐龙:"我的胳膊骨折了,不能做蛋糕了,如果你很饿,就吃了我吧!并且我不会念口诀。"但是小恐龙竟然说它会学做蛋糕。当小恐龙用心做好它人生第一个蛋糕时,它就和小老鼠成了真正的朋友,再也不会吃掉自己的朋友了。孩子们告诉我,小恐龙因害怕吃掉朋友而哭,小恐龙为不再吃掉朋友而学做蛋糕!——不要小瞧孩子的理解力哟!我想,今后孩子们会和小恐龙一样不断战胜自己的缺点,也会在成长中学习小老鼠的智慧,不断完善自己。

延伸阅读:《咚咚咚!是谁啊?》,[英]萨莉·格林德列 文,安东尼·布朗 图,李贺 译,二十一世纪出版社

14. 爸爸最勇敢

(故事绘本：《我爸爸》，[英] 安东尼·布朗 文/图，余治莹 译，河北教育出版社)

今天和中班的孩子们重温了《我爸爸》。这本书因为太熟悉了，本来没打算讲，但我进到中班时，一个小男孩硬把这本书塞到我手里，乞求似的对我说："讲这个吧！"看他渴求的眼睛，我只好接过这本书并征求其他小朋友的意见，没想到大家或说"行"，或点头同意，竟一致通过，就连拿其他书准备让我讲的小朋友也都同意讲《我爸爸》了。

《我爸爸》是从孩子两周岁就可以亲子共读的一本书，四周岁的孩子依然爱它，到了小学还是会有很多孩子喜欢它，真是百看不厌，越看越喜欢。这就证明了它的经典。它不但被不同年龄的孩子喜欢，还被很多童心未泯的成年人喜欢，经典之所以成为经典，魅力就在于此，如果你想感受它的魅力，就用一颗童心去读吧！

　　这本书孩子们已熟背于心了，封面、封底、蝴蝶页、正文，每一页他们都很熟悉，看上一页就知道下一页内容，甚至不看也能顺口说下来，并且每一页的细节都能指出来。即使这样，孩子们还是饶有兴趣地边看边讨论，甚至和我一块读出每页的每一句话。所有孩子们都围过来听，有20多人，为了让大家都看清楚，我把书竖起来对着孩子们去读，自己只是偶尔看一眼书，所以读出的句子与书上的原句有时就不一样，但我发现孩子们读出的竟和书上的字句一模一样。在惊讶孩子们的记忆力时，也就知道孩子们对这个故事的喜爱程度了！

　　读到"爸爸能跨过月亮"时，孩子们露出的是自豪的表情，那意思就是"我爸爸也能"。读到"爸爸吃得像马一样多"，孩子们都呵呵地笑着。这笑是相互会心的一笑似乎每个人都是心灵相通的。后面紧跟一句"爸爸像熊一样柔软"，孩子们是跟我一起读的这一句，我能从孩子们的声音中听出发自内心的温暖……

　　《我爸爸》这个故事不是我讲孩子们听，而是在和孩子们进行着一次交流，交流他们心里的爸爸，交流着他们语言尚无法表达出来的爱。我又发现了图画书的一个作用，它可以弥补孩子语言的不足，可以借助图画书让孩子把内心的感受表达出来，也让我们通过图画书看懂每一个孩子丰富而细腻的情感世界。

延伸阅读：《熊爸爸》，［日］佐木洋子 文/图，唐亚明 译，接力出版社

15. 图画比文字更重要

(故事绘本:《爱书的孩子》,[澳大利亚]彼得·卡纳沃斯 著,方素珍 译,浙江少儿出版社)

想让中班的孩子感受书对一个人、一个家庭的重要,所以选择了这个故事。

有这样一个家庭,他们没有房子,没有汽车,可是他们有书,书给了他们一个温馨的家。妈妈坐在书堆里给孩子缝衣服,女儿爬在车厢顶上读书,儿子坐在高高的一摞书上读书。妈妈给人的感觉是那么慈爱、温暖,女儿是那么优雅、自在,儿子是那么认真、专注。最享受的是爸爸,他悠闲地注视着这一切,享受家的幸福,连鸡和猫也那么乖巧听话。

家中很乱,书很多。家中的乱是因书很多而乱,但却感觉舒服温馨。爸爸和妈妈感觉书实在太多了,多到占满了房间所有角落,甚至涌到了门外，他们实在无法忍受了，就把书全部都卖了。书没了，家里空旷了，整洁了，但是鸡和猫不再乖巧、可爱，爸爸不再悠闲，妈妈没了温暖，孩子们无所事事。从此爸爸、妈妈、儿子、女儿之间也失去了共同的话题，变得疏远和陌生。

我按原文给孩子读着故事，没有加入自己的理解。只是想凭着自己语气和表情的变化让孩子去体会。我想孩子们即使不懂、不理解，也让他们通过语气变化，感受到这种氛围。然后我开始深情地讲述姐姐露西借了一本书，这本书给全家带来惊喜，爸爸开始大声读，妈妈围过来看，孩子们也围过来看，鸡和猫也跑过来一块听——书又把一家人聚到了一起！他们从白天一直读到晚上，从室外一直读到室内；在阳光下读，在灯光下读；他们竟读了整整一夜！是什么好听的故事，是什么样的力量，让他们亲密地聚在一起？

第二天一早，他们骑上车出发了，看了一夜书，听了一夜故事，书读完了，一大早，他们要去哪儿？这很有意思。看看孩子们的反应：有的说去餐厅吃饭——很有道理，应该饿了；有的说去买床——呵呵，很有意思！大概是看他们一家挤在沙发上看书、睡觉，感觉没有床吧！惊喜的是有的孩子说："去买书。"太棒了！不仅仅是这个说对的孩子，所有的孩子都很棒，因为他们学会了思考，有了自己的看法，还能大胆表达出来。由衷地为孩子们的成长高兴！

是的，他们真的去了书店，女儿露西拉着爸爸的手，好像在激动地说："就是这儿，我那本书就是在这借的。"爸爸背着弟弟，妈妈的一只手搭在爸爸的肩头，公鸡站在爸爸的头顶，小猫爬在妈妈的肩头，好温馨的画面，不由让人心生感动，而这一切都源于书。

看看结尾吧，一家人每人搬着厚厚的一摞书往回走，鸡在欢叫，猫则紧张地帮儿子安格斯扶着高高的一摞书。文字已不需要我读出来，孩子们自己就能理解得更好，看来有时对于孩子们来说，图画的确比文字更重要。

延伸阅读：《再来一次！》，[英] 埃米莉·格雷维特 文/图，彭懿、杨玲玲 译，二十一世纪出版社

16. "味道" 需要自己品尝

(故事绘本:《好想吃榴莲》,刘旭恭 文/图,明天出版社)

这是孩子们参与讨论最积极活跃的一本书,可见孩子们对吃的东西是最感兴趣的。

刚进中四班时,班内只有五六个幼儿。我问大家吃过榴莲没有,只有一个幼儿吃过。我问什么味儿啊?4周岁的幼儿还描述不详细,只说出最深刻的一点记忆:"臭臭的"。别的幼儿开始笑了:"臭的呀!"我说:"为什么味道臭臭的,还有那么多动物想吃呢?那我们现在一块看一看吧!"封面上是一只小老鼠在想:"好想吃榴莲。"很多孩子不认可这是一只小老鼠,但又说不出这是什么,我没有纠正孩子,这与画者和孩子的认知都有关系,何况到底是什么小动物并不重要。

小老鼠想吃榴莲，它去问狮子，狮子告诉它："榴莲的味道像西瓜。"小老鼠又去问山羊，山羊告诉它："榴莲吃起来和菠萝一样。"狮子和山羊说的不一样。小老鼠又去问河马，河马凭着记忆告诉它："榴莲吃起来就像番石榴一样。"小老鼠问了一圈，也没搞清楚榴莲是什么味道，它更想吃榴莲了，于是它骑上车子出发了……你们知道它干吗去了吗？这似乎是一个水到渠成的问题，孩子们异口同声地说："去买榴莲了。"哈哈，我发现有的孩子都流口水了，还有的孩子用舌头舔着嘴唇，好可爱！

小老鼠真的买了一个大榴莲，狮子、山羊和河马都羡慕地看着。这一页上三个小动物被一堆"好想吃榴莲"包围着，我们只能看到它们三个的背影，而孩子们却说："它们在流口水呢！"小老鼠要切榴莲了，所有的动物都来了。这次我们看到所有小动物都吐着舌头，瞪着眼睛，好像在说："好想吃榴莲！好想吃榴莲！"我想这正是孩子们的心情吧！这时正好有一个幼儿刚进来："讲什么故事呢？"边说边挤进来，我左边的幼儿赶紧说："别说话！"一边说一边替我翻页。只见下一页画面上小老鼠切开了榴莲，自己向后倒去，再看从榴莲中飘出许多很乱的灰色的螺旋线，各种小动物都向画面外面跑去。我还没读文字，孩子们已开始看图画讨论起来："榴莲散发出的是臭味。""小老鼠吓晕了。""其他动物都被熏跑了。"……我问那个说榴莲发出臭味的幼儿："你怎么知道榴莲发出的是臭味？"他指着线说："一圈一圈乱七八糟的，不好看。"哦，我明白了，线条的颜色和形状竟然也可以表示味道的好坏呢，不仅想起了郝广才的《好绘本如何好》，看来好的图画书中的图画语言和孩子们的思维习惯真是相通的。

当小老鼠醒来时，榴莲的味道变得香香的，还有点臭臭的，语言是这么描述的，可这到底是什么味道，谁也无法说清楚。看来要想清楚是什么味道，只能亲自尝一尝了。小老鼠鼓起勇气，挖起一小块榴莲，咬了很小一口，它慢慢嚼，慢慢嚼，我发现孩子们都盯着我的嘴，好像我正吃榴莲一样。我突然提高声音，加快语速："这么好吃啊！来一块，再来一块，啊呜！啊呜！好吃，好吃！所有的小动物都围过来了。"这一刻的感觉真的很美妙，我好像已是故事中的人物，孩子们真的在看我吃榴莲。当看到所有动物都跑去买回一个大榴莲时，孩子们心动了。有个女孩说："我看见天一城超市有榴莲。"另一个说："我在超市闻到过榴莲的味道。"还有的说："甜甜蜜蜜的味道是什么？"我微笑着说："是呀，香香的，臭臭的，甜甜蜜蜜的，到底是什么味道呢？看来要自己尝一尝，才能知道呢！马上十一放假了，小朋友们去超市时，也可以挑一种你没吃过的水果，尝一尝是什么味道，回来告诉我好吗？"大家都开心地答应着。

故事结束了，我合上书让孩子们看封底，榴莲店的榴莲竟然卖光了。哈哈，这种方式推销榴莲很不错呢！

延伸阅读：《糟糕，身上长条纹了！》，［美］大卫·香农 文/图，黄筱茵 译，河北教育出版社

17. 经历是财富

(故事绘本：《想出名的河马》，[美] 罗杰·迪瓦森 文/图，常立 译，二十一世纪出版社)

这个故事中那只傻呆呆又异想天开的河马很吸引读者。

封面上那只脖子下有三条赘肉的、胖乎乎的、小眼睛瞪得圆溜溜的河马很让孩子们着迷，还有的孩子觉得它像大象，说"怎么大象没有长长鼻子呢？"我告诉孩子们：这就是大象和河马最大的区别。

蝴蝶页上一群河马在游泳，我让孩子找一找有多少只河马。孩子们数一只、两只、三只……最终孩子们确定共有十只河马。图中有的河马露出了长长的嘴巴，有的河马仰卧在水面上，有的只露一节小尾巴……但孩子们都能通过仔细寻找去发现。河马的游泳姿态各种各样，还有一只根本看不到的河马，只有水面上正向外扩散的水晕，这也没逃过孩子们的慧眼。孩子们还讨论了他们知道的游泳姿势，说仰泳就是躺在水面上游，蛙泳就是跟青蛙一样游……这本书一开始就吸引了孩子。

书中文字很多，我没有按原文去读，而是根据孩子们的兴趣，转换成我自己的语言讲给孩子听。维罗妮卡是一只普通的河马，在河马家族中并不出名，所以它混在所有河马中间，我们不知道哪一只是它。孩子们在一大群河马中好奇地找了半天，最后认真地告诉我，真的找不到维罗妮卡。可是维罗妮卡不甘心平凡，它想与众不同，它想出名。一个女孩子说它可以把自己画成花格子的。嗯，是！我回应着。小女孩一定看过《花格子大象艾玛》。但维罗妮卡是怎样做的呢？

它走啊，走啊，爬上了一座小山，看到了一座城市，孩子们纠正我："那是城堡！"的确很像城堡，我就改口，它走到了城堡里。它惊喜地发现城堡里到处是人，就是没有河马。就它一只河马，它与众不同了。孩子们说："这下它出名了。"可是人太多了，它太大了，时不时有人撞到它，要不就是它踩到别人的脚趾，这可怎么办？维罗妮卡发现道路中间没有人，就赶紧走到中间。道路中间没有人可是有很多汽车，它和汽车正好逆向而行，这下可热闹了，汽车不时撞到它，也被它撞到，司机们都放慢速度，道路也被堵住了，警察来了大声责备维罗妮卡。哦！可怜的维罗妮卡，它一点也不懂交通规则呢！孩子们有的说应该教教它，有的说要领它过马路。是啊！孩子们不会的时候，我们也是先教会他，而不是批评和责备。有人告诉维罗妮卡要顺着人流走，这下它知道了。可是它走了一会累极了，想睡觉，城市里可没有柔软的泥床，只有坚硬的马路，它只好横到人行道上睡觉。它挡住了通道，大家都不能走了。孩子们有的说："让行人从边上绕过去吧。"有的说："要帮河马找一个睡觉的地方。"

维罗妮卡被大家推醒了，它也感觉不好意思，不住地给大家道歉。它还是很困，看到马路边有块儿空地，不会影响大家，就卧下了，它刚卧下，警察来了，给它开了一张罚单，知道为什么吗？这个有点难，我见大家没反应，就指着旁边一个消防栓告诉大家，这是消防栓，出现火灾时消防叔叔要用的,现在维罗妮卡挡住了消防栓,很不安全的。好心的警察给维罗妮卡找了一个休息的地方,休息好了,维罗妮卡又渴了,就去找水喝,它发现广场上有一个小喷泉,就跳了进去,又喝又玩,小鱼随着水流都被冲了出来。喝完水,它又发现一个小贩推了一车蔬菜。它正饿呢,就一口气把一车菜吃了个精光。这下可闯了大祸,大家知道为什么吗?孩子们讨论得可激烈了,有的说:"吃别人的东西要付钱。"有的说:"它没给那位叔叔打招呼,它太没礼貌了。"还有的说:"它这是抢东西!"我告诉孩子们,河马在野外时,吃野菜、喝水都没人管,它并不知道城市里的规则,它现在需要我们的帮助。这时,可以和孩子讨论怎么帮助维罗妮卡。

可是还没等我们帮助维罗妮卡呢,小贩开始大喊:"抓小偷!抓小偷!"警察来了,大家一块追维罗妮卡。这下把维罗妮卡吓坏了,它不知道做错了什么,吓得飞快地跑。最后大家在公园抓住了维罗妮卡,把它送到了监狱,但到监狱才发现监狱的门太小了。这时可以引导孩子们对河马和人的大小做一个比较,通过故事建立大小的概念,并在生活中学会估测。大家用推土机把维罗妮卡推进了门。故事如果在这里结束那就太遗憾了。

这时一位老奶奶出现了,她替维罗妮卡还清了欠债,把维罗妮卡送回了家。这样,故事传递的不再是冷冰冰的规则,而是把"善良、理解、帮助"带给孩子,于是这就变成了一个温馨的成长故事,让孩子知道该怎么做,了解有些规则虽不是法律,但是我们人人都要遵守,同时感受到人性的善良和宽容。

最后维罗妮卡真的出名了,它成了所有河马的偶像,它给大家讲着它的城市历险记,不过它再也不愿意去城市了,经历过才知道,还是"家"最适合自己。

延伸阅读:《花格子大象艾玛》,[英] 大卫·麦基 著,范晓星 译,少年儿童出版社

园长故事会

18. 怪兽是什么？

(故事绘本：《我的宠物是怪兽》，［日］粟田伸子 文，多田治良 图，陈姗姗 译，河北教育出版社）

　　讲完这个故事，孩子们都很开心，我却多少有点失落，因为我一直用语言暗示、提示，小春说他家有怪兽是在骗大家的，可孩子们却不这么想。我有意识强调，小春说他家怪兽喷火烧卷了妈妈的头发后，涨红了脸，"为什么涨红了脸？"一个小女孩说："激动的！"再讲到大家都想去看看怪兽时，小春慌慌张张回家去了，我把慌慌张张读得很重很重，可是还是没人反应，我忍不住又问："他为什么慌慌张张地回家去了？"一个小朋友说："天黑了，他害怕吧。"我无奈地叹了口气，被孩子们的天真折服了，也体会到孩子们正是被作者这些形象的描绘、有趣的故事情节吸引着。这也说明作者抓住了幼儿的心理，知道他们想要什么。讲故事中，发现孩子们和文中的小朋友一样，既想看到怪兽，又在害怕、担心着。我似乎有点急于求成，自己已有的成人经验知道小春是骗人的，总想让孩子们也能发现，过于用成人的世界要求孩子了。我有点自责，调整了一下自己，让自己的成人思想、成人判断统统一边去吧，还是顺着孩子的思维，一块去感受害怕、期盼、担心和惊喜吧！

小春的好朋友把自己打扮成怪兽的样子，一块去小春家。一个小男孩问："为什么打扮成怪兽？"另一个回答："这样怪兽就不吃他们了。"在小春家门口，大家听到小春家传出可怕的声音"嗷——嗷——呜呜嗷——"，看来真有怪兽！孩子们都认为小春的朋友被吓跑了，只有一个小男孩，指着图上红色巨齿样的波浪，问："这是什么？"他在认真听故事并观察图画，有孩子回答他："那是怪兽发出的声音！"我说："这里面肯定是特别厉害的怪兽。"大家绕到后门，从窗户往里一看，"哇——是怪兽，赶快跑啊！"听到喊叫声，小春的朋友一起往外跑。窗口确实露出一个脑袋，有长长的两只耳朵，有大大的嘴巴，还有尖尖的牙齿。但一个听故事的小男孩说："我怎么看着像狗！"哈哈，真是个冷静的、善于思考的孩子哇！

这时小春的妈妈和小春回来了。小春见到大家假装很惊恐地说："安迪的肚子正饿，你们还是别看的好！"这次我只把小春的表情讲出来，并没有刻意去强调，让孩子们在慢慢成长中体会其实也不错。小春的朋友们终于见到了安迪，发现安迪是一只小小的变色龙。他们并没说"小春骗人了"，反而都开心地、好奇地观察安迪的一举一动，对小安迪可以一口吞下一只苍蝇很是佩服。在小春朋友眼里，在听故事的孩子们眼里，似乎这个小安迪真的就是神奇的大怪兽。听故事的孩子也没有谁说小春在骗人。

我此时倒真的在反思自己，在成人眼里，怪兽是巨大的、丑陋的、可怕的。也许是我们一代一代把这个感觉传递下去，吓唬了一代又一代人，包括我们自己。但孩子们眼里的怪兽，就是让他们大开眼界的一种神奇的动物吧！

延伸阅读：《可怕的大妖怪》，[英] 托马斯·杜乔蒂 文/图，余丽琼译，南京师范大学出版社

19. 一个智慧与贪心的故事

（故事绘本：《扑通！》，[法] 菲利普·科朗坦 文/图，武娟 译，新世纪出版社）

看完这个故事，觉得很舒畅。找原因时，我看到书腰上有这样一句话：用故事给孩子"挠痒痒"。这句话准确表达了我的感觉，因为书中没有一句评论的话、教育的言语，但却让我很透彻地看到、感到一只贪婪的狼就应该是这样的下场。这本书既不刻意修饰，也不刻意美化，就这么真实地给了孩子一个过程和思考。

故事的名字叫《扑通！》，封面上是一只狼满脸惊恐地从空中落下去的图画。看着图，我问孩子："扑通！会是干什么呢？"马上有孩子说："肯定是掉河里了！"看来这本书图文结合得很好。

"有一天一只很饿很饿的狼在一口井里，发现了一块奶酪。"为了让孩子们思考，我加了一句："怎么井里会有奶酪？""它弯下腰，想去捞奶酪。但一不小心，扑通！掉到了井里。"我感觉今天听故事的孩子有点多，如果是四五个孩子，可以边仔细观察图画，边听我读文字，会有更大的收获。由于孩子多，我只好把部分图上的细节点出来说明。"大饿狼掉下去时，一只脚挂住了绳子"，于是孩子们都注意到木桶被带下去。"大饿狼掉到了井里，大饿狼这才发现奶酪……就在这时，砰！木桶砸到了它的脑袋上！"孩子们都哈哈大笑。"原来奶酪竟是月亮的倒影。……这时小猪来了，大饿狼对小猪说：'井水可舒服了，还有一大块奶酪可以吃，快下来吧！'"我问孩子们："小猪会不会下去呢？"其实就是问孩子们，小猪该怎么办呢？大部分孩子摇摇头，表示不会上当，看来大家警惕性还蛮高的。可是小猪会怎么做呢？翻到下一页："嘿哟，不好，小猪下来了！"小猪拉着绳子的一端下来了，另一端的饿狼坐在桶里上去了。"看来小猪真上当了！"讲到这儿我突然想到，我应该提前做一个滑轮，模拟一下辘轳工作原理就更好了。"大饿狼上去了，小猪掉到井里了，它这才发现自己上当了。看来贪吃是要不得的。小猪该怎么办呢？"我抛给孩子们一个问题，为下面的内容做个铺垫。"这时井口来了三只兔子，……"我还没讲完，孩子们就开始接着说了："可以告诉兔子，说下面有好吃的东西，让兔子坐在桶里面下来，小猪就可以上去了。"没想到孩子们想得这么周全，表达也这么准确。我问孩子们："兔子爱吃什么？"孩子们齐声说："萝卜！""那就告诉兔子们井底下有萝卜，可是兔子会上当吗？"孩子可是很聪明的，有了小猪的经历，一致说："会的！"于是我让两个孩子表演了这一段，这下孩子们热情更高了，"小猪上去了，兔子一家扑通掉到了水里了！"

故事在这里发生了转折，那只大饿狼又回来了，它还会上当吗？我把这个问题又留给了孩子们，让他们编结尾。

一个孩子说："大饿狼没上当，看了看井里的兔子走了。"我引导孩子："兔子看到大饿狼来了会怎么说呢？"孩子们说："快点下来吧，下面有大奶酪。"我接着问："大饿狼会怎么说呢？"孩子想了想，说："大饿狼说：'那是我骗小猪的，没有大奶酪。'"这样结局也不错。

"我说，我说。"另一个女孩说，"大灰狼下去了！"我问："那你说兔子会怎样说？"女孩说："兔子说下面没有奶酪，但是有萝卜。"我笑着问："狼喜欢吃萝卜吗？"大家都说："不喜欢！"一个男孩说："最喜欢吃小猪。"另一个说："最喜欢吃兔子。"我接着他的话说："那有这么多兔子，大灰狼想吃吗？"大家说："想。"我让女孩接着说，小女孩想了想说："想吃兔子就下来吧！大饿狼就下来了，兔子一家就上去了。"虽然不太顺畅，但已经很不错了，今天的故事也应该结束了。

我说："最后兔子们得救了，大饿狼'扑通'掉到了水里，接着会发生什么事呢？"问题还是交给孩子们吧，也可以让小朋友们回家讲给爸爸妈妈听。

这个故事有一个开放的过程，还有一个开放的结尾，哪里都可以结束，孩子们想让它怎么结束，就可以怎么结束，并且只要孩子们愿意也可以永远继续下去。这是一个给孩子无限想象空间的好故事。

延伸阅读：《幸运小贝和蓝色大怪兽》，[英]乔尔·斯图尔特 文/图，孙昱 译，新世纪出版社

20. 适合中班的绘本

（故事绘本：《臭毛病》，[英]芭贝·柯尔 文/图，范晓星 译，北京联合出版公司）

这本书名本身就很吸引孩子。我给孩子们读书名时，大家就不断嘻嘻笑着重复，看来孩子们已被名字俘获了，对故事也多了几分期待。

故事中，小魔怪露喳喳"打嗝""放屁""吐唾沫""对爸爸妈妈说难听的话""大喊大叫""乱踢乱闹""不吃爸爸妈妈做的饭""偷拿小宝宝的玩具""揪小姑娘的小花辫"……似乎所有小朋友身上有的坏毛病她都有。我不知道孩子们有没有想到自己身上出现的同样毛病，但我从他们的反应里知道他们很关注我说的每一个坏毛病，并且会和自己身上的"臭毛病"对号入座，但我才不说透、不点出来呢，等着他们自己悟才好呢。

为什么说这个故事正适合中班幼儿呢？因为4—5岁的孩子自我意识正在形成，想引起大家的注意，开始有说谎的意识和"能力"，这些"臭毛病"很多都发生在中班的孩子身上。

　　还有最让人头疼的、最容易出现的问题就是中班幼儿模仿力很强，什么"臭毛病"一学就会。更糟糕的是他们还没有判断是非的能力，谁有"臭毛病"都喜欢学。魔怪做的这些正好让他们找到了引人关注的方法，且一学就会了。

　　有趣的是小魔怪的父亲是一位有疯狂想象力的科学家，他为女儿做了"臭屁回收服""打嗝塞""防踢防叫拐脖管子""不许小偷小摸连身衣""喷水花瓣木偶"……小魔怪身上所有的臭毛病，爸爸都找到了解决的办法，这下该行了吧？可是不能永远带着这些东西吧！当没有这些东西后，小魔怪却更疯狂了。这在暗示我们父母，一味地用武力去压制孩子的成长是行不通的，这样会让孩子更叛逆。有什么好的办法吗？

　　在讲小魔怪父亲这些发明的时候，孩子们都很新奇，没见过这些东西，不断讨论和研究着，他们中说不定会有爱迪生、牛顿出现呢！

　　小魔怪的生日到了，小魔怪的朋友们都来参加派对，一帮小魔怪把家里搞了个乱七八糟。这时来了一大群大魔怪，这群大魔怪更厉害，他们也会吐唾沫、大喊大叫、乱踢乱闹、放屁、呕吐……闻起来比小魔怪还要臭！这时，小魔怪和朋友们才意识到这些原来认为很"酷"的行为，都是臭毛病，是让人无法忍受的，都是大家不喜欢的。在换位感受中，小魔怪都惊恐了！这时小魔怪的父母登场了，他们告诉小魔怪们："他们从前也是小孩，跟你们一样爱捣乱，所以长大后就变成了大魔怪。"小魔怪们面对现实都认识到了"臭毛病"危害，决定改掉坏毛病。

　　看来单纯的说教对幼儿园的孩子是无能为力的、不起作用的，而直观形象的展示、实践才更有说服力。小魔怪们一下都被吓醒了。我不知道听故事的孩子们有什么感受，但我知道，此时一定不要去问孩子："你们理解故事要告诉我们什么了吗？""从故事中你们学到了什么？"这些问法一会让孩子以后反感听故事，二会把孩子的自尊赤裸裸地剥了出来，让孩子今后会变得很敏感。其实孩子们都想做一个好孩子，他们会把讲过的故事放在心里，当这类场景出现时，在内心悄悄做个比较，进而做出正确的选择。所以怎么引导孩子去做，需要我们父母用点智慧！

　　故事结尾小魔怪都变成了小天使。相信我们听过故事的孩子也会变成天使。

　　延伸阅读：《小魔怪要上学》，[法]玛丽·阿涅丝·高德哈 文，大卫·派金斯 图，李英华 译，湖北美术出版社

园长故事会

21. 请你来想办法

（故事绘本：《我的兔子朋友》，[美] 埃里克·罗曼 文/图，柯倩华 译，河北教育出版社）

今天我到中班给孩子讲故事，这是今年给孩子讲的第一本书，是一本获得多个大奖的绘本：2003年美国凯迪克金牌奖，美国图书馆协会年度好书推荐，2002年美国《儿童文学》推荐书目，入选2003年美国班克街教育学院"年度最佳童书"，入选纽约公共图书馆每个人都应该知道的100种图画书。选这本书，我希望孩子们会喜欢，并在新的一年里有所成长和思考。

故事讲述了一个热心帮忙却总是越帮越乱的兔子的故事。兔子和老鼠是好朋友，它们经常一块玩儿。这不，老鼠收到一个礼物，是一架飞机，兔子高兴地来帮忙了。为了使飞机能飞起来，兔子用尽全力向上推飞机，飞机飞得又高又快，老鼠从飞机中摔了下来，幸亏兔子在下面接住了老鼠，要不然就摔伤了，可是飞机却撞到了一棵树，卡在了树枝间。这可怎么办？孩子们马上开始想办法，他们有的建议去搬一个梯子，有的说找大人帮忙……这可难不住热心的兔子，它会怎么做呢？

图画上兔子在找一个东西，这个东西只露出一小部分，会是什么呢？有的孩子猜是树，兔子想把树拉倒？看看这颜色，也确实像树，但兔子拉的明明像什么动物的尾巴呀！兔子还拉得满头冒汗，这个动物肯定不小。会是什么呢？孩子们一步一步被吊着胃口，我感觉有点侦探小说的味了。翻过来，"噢！是大象！"孩子们惊呼，大象跨页占了一大半，小老鼠还在请求大象帮忙，可兔子跑了，图上只剩下兔子奔跑的后半身。下一页兔子在拼命地推着犀牛，而犀牛似乎并不愿意去，使劲往后退，不过它们终于还是被请去了。接着兔子又搬来了河马、梅花鹿、鳄鱼、狗熊、大鸭子，后面还跟着四只小鸭子。后面就是最精彩的一页，大象顶着犀牛，犀牛顶着鸭子，鸭子顶着梅花鹿，梅花鹿顶着狗熊，狗熊顶着河马，河马顶着鳄鱼，鳄鱼顶着小白兔，小白兔顶着松鼠，（这时我才注意到小松鼠也来了）可是还差一点。小鸭子们在下面仰着头拍着翅膀喊加油，再仔细看鸭妈妈，也不知是被大家压得疼出了眼泪，还是压得累出了汗水。

就差那么一点了，这时松鼠抱起了小老鼠，就在小老鼠抓住飞机那一刻，高高的"动物塔"倒了，我们首先看到的画面是小鸭子们吓得"呱呱"叫着四下逃窜，然后你再看动物们头朝下掉下来的画面，摔得最惨的是鸭妈妈，你看它一屁股蹲坐在地上，羽毛四处飞散，还有它张大的嘴巴，瞪大的眼睛都显示着它的惊恐和疼痛。

动物们开始抱怨兔子，可是兔子是好心帮忙的呀！大家还没离去呢，兔子又开始帮小老鼠发动飞机了。可是这次真的更不巧，飞机带着兔子和小老鼠一块挂到了树上，兔子说："老鼠，别担心，我有办法！"你知道兔子又会有什么办法呢？其他动物还会来帮忙吗？

这要孩子们去猜一猜，想一想办法了。有的孩子告诉我，这次可以抬一架长长的梯子，爬上去摘下飞机，或者拿一根长长的棍子把飞机捅下来……看来办法还不少呢！

这个故事中有一个重复的环节就是兔子去请动物们来帮忙，我没有提示孩子怎么说，图上没有文字，我自己不断重复着两句同样的话："××你好，我们的飞机挂到树上了，你能帮我们摘下来吗？"当我重复四五次之后，我发现最不爱讲话的孩子也能自己说出来了，看来不说话，更多是对自己不自信，当孩子熟悉了，对该说的话有把握了就会主动说出来。这也说明孩子们对感兴趣的故事，不用强调，都会记住的，再次验证了给孩子讲故事，对孩子来说是最好的交流和建立自信的方式。

在这个故事中，兔子每次都是热心帮忙，每次都是越帮越乱，但是小老鼠还是愿意和它做朋友，你知道为什么吗？

延伸阅读：《你愿意做我的朋友吗？》，[法]艾瑞克·巴图 文/图，袁筱一 译，北京联合出版公司

第三辑
大班故事会

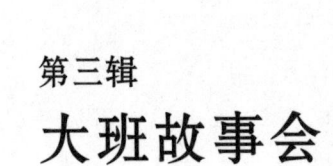

　　大班幼儿已经有了一定的观察能力和表达能力。我在讲故事中注重让幼儿用自己的语言讲述图画书中的内容，根据画面进行联想和创编。因此要为大班幼儿选择一些图文更为丰富的图画书。

22. 回忆童年

（故事绘本：《云朵住在哪儿》，[德] 克劳斯·鲍姆加特 编绘，王星 译，安徽少年儿童出版社）

"莱尼和迪克"系列共四本，早上我拿着其中一本《云朵住在哪儿》去大一班给孩子们讲故事。这一套书讲述的是莱尼和迪克这两个好朋友童真的趣事，故事很容易勾起每一个人童年的回忆，我是带着这样的一种美好回忆去给孩子们讲故事的。

莱尼和迪克躺在小山坡上看云朵，莱尼说："看那边那朵云像只兔子啊！"听我读完这句话，孩子们开始在天空找这朵兔子云，发现那朵兔子云后，这个说："那是耳朵。"另一个说："这是尾巴。"也有孩子说："还真的很像呢。"孩子们不但找到了像兔子的云，还找到了像鱼的云。这时莱尼和迪克讨论云朵到底住在哪里，莱尼建议查查电话本，迪克说："云朵也用电话？我才不信。"孩子们也都表示不信。莱尼和迪克决定跟着云朵去看看——我问孩子们要不要去看看，孩子们也都纷纷同意去看看。

"迪克，快点！要不然就追不上了。"莱尼一边跑一边喊，图画得很有动感，莱尼在前面大步跑着，迪克在后面紧追着，天上的云朵也像加快了速度，变成了火箭的样子，又像水中的鱼向前游着。迪克和莱尼只顾看云，没有看脚下，就在前边不远处，有一块石头挡住了路，莱尼被石头绊倒了，滚下了山坡。我发现孩子们也跟着故事只顾看天上的云了，于是我提醒孩子们走路时一定要注意脚下。

故事中下面这段对话很有意思：

"疼吗？"迪克担心地问。

"不疼！我只想，只想找一条近路。"莱尼揉着头上鼓起的小包，声音有些微微颤抖。

绊倒了，从山上滚下来，肯定很疼，但莱尼却不说疼，而是说想找一条近路，我感觉到个别孩子似乎有那么点同感，但又不很理解，有的孩子则一脸迷茫。要是没有一年多的读绘本的经验，我一定要给孩子分析一番，但今天我只是放慢了速度，继续读，一句也没解释。这种体验和情感，孩子们都会经历，自己慢慢去悟更好。还是等孩子们伴随经历自己悟出来吧。

莱尼和迪克又开始追云朵了，他们看到一棵大树，认为云朵住在树上，就爬上去寻找。"这棵树可真大，但肯定还是放不下云朵住的大窝。"莱尼肯定地说。"再说云朵也不会生蛋啊！"迪克说。这些文字对应着莱尼和迪克在一棵大树上看到一个鸟窝，鸟窝里还有鸟蛋。读到这儿，孩子们就开始讨论了。小男孩说："云朵太大了，会把树压坏的。"另一个反驳说："不会，不会，云朵很轻的。"一个小女孩说："云朵太大了放不下。"一个刚来的男孩说："鸟窝里是蛋，云朵又不会生蛋。"孩子们的想法很简单，语言也简单，有时却能说出让我们吃惊的哲理。想想我们大人，复杂思考过后，却说不出这么精彩的话了。

莱尼和迪克来到一片草地前，一群群绵羊正在吃草。"也许云朵也像绵羊一样住在草地上呢！"莱尼说。我正要翻页，孩子们又说了："绵羊远看也是白色的，但它们不是云朵。"另一个说："草地是绵羊的家，不是云朵的家。"

两个好朋友又继续跟着云朵来到了一个旧仓库前，我还没往下读，孩子们已经开始说了，一个很活泼的小男孩说："云朵肯定住在房子里。"大家一致赞同，另一个一直没说话的男孩突然说："看一看住在里面没有吧。"我微笑着说："房子是云朵的家吗？我们看看云朵是否回家了呢？""云朵回家了，房子就是它的家。"一个小女孩一直想说话，现在终于说出来了，憋得小脸都红扑扑的。孩子们兴致都来了，齐刷刷地伸出小手往后翻页。

迪克仔细想了想，忽然惊讶地喊道："云朵一直没有停过脚步，我觉得它们根本没有自己的家！""是啊，它们不停地走着，一直在路上。"莱尼感叹道。突然一个小女孩小声地说："蓝天是白云的家。""对，云朵一直在蓝天上的。""对，对——"大家一致赞同。我赞赏："云朵一定很高兴，因为你们帮它们找到了家。"

这时候，天空中的乌云越来越密，突然，一滴雨点落在迪克头上。我笑着引导说："原来云朵急匆匆跑来聚会呢，可是它们一聚会，就要下雨了。"孩子们纷纷说起自己看到的下雨前的景象。我想他们一定知道了当天上云很多时，就要下雨了，出门时该记着要带把雨伞。

延伸阅读：《咕噜和白云》，[日] 间所寿子 文，黑井健 图，钱鑫 译，中信出版社

23. 很多东西比知识更重要

(故事绘本:《365 只企鹅》,[突尼斯] 让吕克·弗蒙塔 文,[法] 若艾丽·若力维 图,武娟 译,二十一世纪出版社)

这既是一本倡导环保的有趣的故事书,又是一个学数学的绘本。对于幼儿园孩子,365 只企鹅用加法或用乘法来计算都过于难了,所以我定位只是让孩子们去感受一只又一只快递来的企鹅带给一个家庭的喜与愁。若能从中领悟环境恶化会带来这么多麻烦,从小树立环保意识,那就更好了。

整本书绘者只用了三种颜色,橙色、蓝色和黑色,橙色用来画人物,蓝色用来画建筑、家庭用品,黑色用来画企鹅的身体,企鹅的小脚丫用橙色来搭配,尤其显得调皮可爱。由于只有三种色彩搭配,使人感觉很清爽，但橙色和蓝色又给人活泼、明快之感。虽然 365 只企鹅来到家中让人头疼让人忧，但不会让读者产生厌恶的心情。读者从中体会着一家人对这群小家伙既爱、又愁、又疼的感觉，不知这是不是作者要传达的心境。

随着邮递员按响门铃，一只小企鹅来到了这个四口之家，图中是爸爸、妈妈的满脑疑问，更是姐弟俩的开心和欢喜。企鹅一天一只，从一月的第一天开始，准时送来，一个月后，他们家有了 31 只企鹅，这也告诉小朋友一月份有 31 天。企鹅的到来扰乱了一家人的生活。虽然一家人手忙脚乱，却并不讨厌这些小家伙，而是饶有兴趣地给企鹅们起着名字。一家人看电视时，是一个很有趣的场面，31 只企鹅全出来了，前面安安静静排着 25 只企鹅在看电视，爸爸腿上坐着一只，姐姐抱着一只，弟弟和姐姐之间还挤着一只。孩子们对挤在姐弟之间的小企鹅颇感兴趣。还不够 31 只呢？有一只站上椅子从餐桌上拿了一根香蕉在啃，另一只企鹅站在下面，似乎在说："你快点，快点，还有我呢！"很快孩子们找到最后一只企鹅，原来在最后面的厨房里，不知把什么东西撒了一地。这一页给人的感觉，这些企鹅已不是动物了，而是融入这个家庭的孩子，很和谐的一幅画面，原来人和动物可以这么和谐相处。我在讲述中能感到我和孩子们都已经融入了书中，孩子们变成了企鹅，而我则是守护企鹅的妈妈。

二月份 28 天，他们又收到了 28 只企鹅，那么现在有多少只？幼儿园孩子算起来费劲了，还是一起数一数吧，不多不少正好 59 只。

三月份的第一天，又收到一只，60 只！这可怎么办？爸爸进行了分组排列，每组 15 只，这 15 只组成了一个三角形，孩子数不清没关系，知道可以用一个一个的相同物体拼接三角形也很好。企鹅的数量还在增加，怎么办？快帮一家人想想办法吧，更麻烦的是企鹅还要吃东西，知道吃多少吗？1 只企鹅一天吃 2.5 千克，那 100 只企鹅呢？很好的小学数学题吧。只是对幼儿有点难，我向孩子们表示：我和他们一样计算不清，等到有一天，他们上小学了会计算了，一定要告诉我！呵呵，也不知道这样做是否有用！

园长故事会

　　下面几页告诉我们，企鹅给一家人带来了各种麻烦，而一家人仍是一起想办法来安置这些企鹅，我解读为这是做人最起码的爱心和责任心。最后12月31日，整一年，他们家有了365只企鹅，家被企鹅挤满了，一家人再也没有地方站了，矛盾几乎到了顶点，转折也就来了。教授来了，告诉了我们原因：地球变暖，冰川融化，本来生活在南极洲的小企鹅，失去了生存的环境，要被转移到北极去，但是从南极到北极要经过很多国家，企鹅属于受保护的野生动物，而国际上规定不能出口受保护的野生动物。所以就有了这个故事。这里不但讲了企鹅生存地区和生活环境，还告诉孩子一些基本常识。

　　企鹅终于被带走了，只留下一个蓝爪子小家伙，可是从图中我们可以看到一家人突然不适应了。这时门铃响了……邮递员又送来什么？很想知道吧？还是自己看看这本书吧！

延伸阅读：《如果地球被我们吃掉了》，［法］阿兰·塞尔 文，［意］西尔维娅·博南尼 图，武娟 译，河北教育出版社

24. 幸与不幸

(故事绘本:《幸运的内德》,雷米·查利普 文/图,蒲蒲兰 译,二十一世纪出版社)

今天在大一班我让孩子挑选绘本,一个男孩选了一本《幸运的内德》让我讲,他们的老师另取了一本《狐狸幸运的一天》给我,建议我讲这本,说孩子可能对这本更感兴趣。我征求了孩子们的意见后选了《幸运的内德》,一是尊重孩子的选择,二是考虑到大班孩子应该学会接受生活中的高兴与烦恼,尝试从另一个角度去看待问题。

其实这个故事也很有意思,有时候孩子不喜欢听是因为家长或老师太功利了,急着想用故事去教育孩子,让孩子从中明白一个道理。而越是急于灌输,孩子的收获就越小,同时也失去了听故事的兴趣。有时候,你只要抱着纯粹的讲故事心态去讲,孩子们反倒会兴致勃勃地听,这样我们想对孩子们说的话,要对孩子们进行的教育,反而在潜移默化中植入幼儿的

园长故事会

心田了。

从封面开始，这个故事就一跨页彩色，一跨页黑白色地交替，彩页代表幸运，黑白代表不幸，幸与不幸交替出现，形成了阅读的一个独特节奏。在讲故事时，不要总想着教孩子什么，让孩子知道什么，而要用心投入故事中，加上你的理解把故事讲好。我就是这么讲故事的，把每页的文字用自己的理解读给孩子，用适当的语气加上表情和动作，尽量地生动甚至可以夸张点，抓住孩子的心理，让孩子跟着你或开心，或紧张，同时留意孩子们观察图画所用的时间，掌握翻页的速度。我们只要完全投入地给孩子讲故事，孩子就会随着故事变成主人公内德，来一场惊险而又充满惊喜的旅行。过程中孩子们很投入，很快就发现了彩页是幸运的，黑白是不幸的。当讲到"真幸运！地上有软软的干草堆"，孩子们松了一口气。下一页，却是内德惊恐地张大了嘴巴："真倒霉！干草堆上有把叉子。"可以指出孩子们没看到的细节，但不要说出来。图上内德的屁股正对着叉子落下去。"坏了，坏了，这可怎么办？"我故意压住书页，停了一下，让孩子们担心一下吧。果然翻到下一页，色彩也靓丽了，故事也转折了，我发现孩子们也长出了一口气。不得不佩服画者的设计，让读者的心情随着故事节奏不断变化。——就这么一紧一松，有时候我故意卖个关子，孩子们一口气跟我来了一个小小的心情马拉松，把故事听完了。当最后一页，"真幸运！惊喜派对就是在这里举办，更幸运的是，这场派对是为内德举办的。因为——"我停了一下，"今天是他的生日。"我故意惊讶地说："啊！让我们也一块给他唱生日歌吧！"孩子们高兴地一块唱起"祝你生日快乐……"我把书留在桌子上，悄悄地走出活动室，让孩子们自己再回味一下吧！

看来讲故事的人把握好故事的情节、情感的发展，用适当的语气、生动的语言投入地去讲很关键。我在慢慢学习中，也在慢慢提高。

延伸阅读：《晴朗的一天》，[美] 诺尼·霍格罗金 文/图，阿甲 译，河北教育出版社

《今天运气怎么这么好》，[日] 宫西达也 文/图，彭懿 译，南海出版公司

25. 只要孩子喜欢

（故事绘本：《安迪和狮子》，[美] 詹姆斯·多尔蒂 著，王林 译，新星出版社）

这是一个关于友爱和感恩的故事。整本书故事性比较强，但画面色彩不像别的书那样鲜艳，既不丰富也不亮丽，整本书只有三种颜色，黑色、橙色和白色，其实严格地说是用黑色和橙色勾勒而来的素描画，但勾勒出的人物、动物形象都很饱满，有立体的感觉。

故事讲述了一个特别喜欢狮子的男孩，喜欢听爷爷讲狮子的故事，喜欢读有关狮子的书，喜欢看马戏团狮子的表演，喜欢晚上做追捕狮子的梦……他太爱狮子了！喜爱的程度使我自始至终也没搞清楚这个故事是真实的，还是发生在安迪的梦中，更加上画者的画风与色彩选择，也让我感觉亦真亦幻。但真实与梦境对孩子没有什么区别，孩子们往往把梦中发生的当成真实的。

　　给孩子讲这个故事时，能看出孩子们是真喜欢。首先孩子喜欢狮子，看到封面，孩子就猜到这是一本关于狮子的故事。我告诉孩子们封面上那个小男孩叫安迪，这个故事的名字就叫《安迪和狮子》。故事的开始，安迪到图书馆去借书，孩子们认真地观察画面，一块牌子上面写着"安德森市公共图书馆"，安迪带着他的狗高兴地向图书馆跑去。有孩子问我牌子上写的什么，我指着牌子把文字一个一个读出来。一个男孩子很懊恼地说："可是我都不认识那些字！"我愣了一下，看来是一个敏感的孩子，我微笑着说："不要紧啊！文字就是让大人读给你们听的，不过你们慢慢就认识文字了，等你长大了，也可以读给更小的小朋友听。"

　　不知道孩子们是否把文字也看成图的一部分，但孩子们的观察能力真的很好：安迪在图书馆里，从书架上抽出一本书。观察仔细的孩子已说出："那是一本有关狮子的书。"因为在书下面有两个小字——狮子。

　　这本书还有一个显著的特点，每页的一段文字，都是不完整的，另半句在下一页，并且都在关键时刻中断了，这会促使讲故事的人去翻页，也促使听故事的人去翻页。比如书的开头："这是晴朗的一天，微风吹动旗帜。安迪走在去图书馆的路上，他想借一本——"文字在这儿中断了，有孩子就说："快看下一页是什么？"下一页的文字："有关狮子的书。他把书带回家，然后——"文字又没了，这样促使听故事的孩子产生不断听下去的兴趣，但也对讲故事的人提出了更高的要求，要把握好孩子们看图的时间，调整自己语速快慢，让语气和文字一样有吸引力。

　　第三页上，一家人在吃晚饭，安迪还在看书，文字很简单："读了又读，吃晚饭时他还在读。"但一家人的表情动作却很丰富，可以适当引导让孩子们发挥想象，调动孩子表达的欲望。"妈妈一定很生气，用手指着安迪说：'先吃完饭再看书！'爸爸说了什么呢？"我问了一句。孩子们马上说："爸爸很生气，一定是说'再不吃饭，就把书扔了'。"另一个孩子说："爸爸要打安迪了。"还有的说："不吃饭就饿着吧！"孩子们似乎体会很深，我想这些大概都是孩子们的生活经验吧。我把话题转到安迪对面一个高兴地挥舞着勺子的小孩身上，大家对这个话题的讨论很一致，认为是安迪的弟弟在嘲笑他。这一页上还有一个细节需要点一下：爸爸身后的墙上挂了一幅画，画上也是一头狮子，由此可见好的绘本作者都是很用心的。

还有一页，孩子们很感兴趣。文字是："在后廊洗脸时，安迪还想着狮子，他的爸爸只好提醒他要洗一洗耳朵背面。"图上妈妈在屋里准备着早餐，爸爸一边干活一边提醒儿子，台阶下两只母鸡正在觅食，很温馨的一幅农家早晨的画面。但孩子们感兴趣的地方不在这儿，也许他们的感受和大人不一样。孩子们对爸爸提醒安迪，要洗一洗耳朵背面特别感兴趣，并谈论了一会儿，一个说："我每天洗耳朵后面。"有的说："我还洗脖子了。"另一个似乎不知道还能洗什么了，想了半天说："我每天还都把头发洗了。"我只微笑地看着，看来大班孩子，自我意识增强了，好胜心增加了。

安迪很喜欢狮子，但在上学路上遇到真正的狮子，却吓得调头就跑。这儿也很有趣，安迪和狮子之间是一块大石头，狮子怕安迪，安迪怕狮子，安迪和狮子绕着石头转圈跑。"安迪不论往哪边跑，总是碰到狮子，狮子不论往哪边跑，总是碰到安迪。"为了让孩子理解，我一边读文字一边用手比画着："绕过来，绕过去。"不管是否理解，他们对我的动作模仿着，笑着。看着他们高兴的样子，就感觉心里很充实。

当安迪发现狮子爪子上扎进了一根巨大的刺时，就帮狮子拔刺，由于刺太深、太大，安迪用了全身力气。刺被拔出来的同时，安迪用力过猛和狮子同时向后翻倒。孩子们顿时乱成了一团，都以各种姿势向后倒在地上。

孩子们最感动的是看马戏团表演时，安迪和狮子重逢。那一刻他们静静地听着，安迪站在狮子面前，对愤怒的人群大声说："不要伤害这只狮子，它是我的朋友。"有男孩重复着我的话，有男孩说："安迪真勇敢！"

我想这种正义和勇敢的精神一定会潜移默化地影响孩子一生。

总之,这本书带给孩子们的东西太多太多,确实值得选来一读。但注意,读这本书还是要有点阅读经验才好。

　　延伸阅读:《图书馆狮子》,[美]米歇尔·努森 文,凯文·霍克斯 图,周逸芬 译,河北少年儿童出版社

　　《不会写字的狮子》,[德]马丁·巴兹塞特 文/图,赖雅静 译,河北教育出版社

26. 影子的故事

（故事绘本：《走开，大黑兔！》，[英] 菲莉帕·莱瑟斯 文/图，柳漾 译，北京联合出版公司）

大班的孩子对影子已了解了，讲这个故事时我们可以去挖掘更深层的一些含义。

封面上一只小小的白兔子和一只高大的黑兔子，它们一高一矮，一黑一白，相对而立，似乎暗示它们心里的距离，又预示着它们的关系并非敌对的。实际上以科学角度而言，物体和影子不该相对而立。

蝴蝶页上是小兔子的行走路线，我和孩子们研究了路线，我想引导孩子们自己出游时也设计一下路线。

故事讲述了一只小白兔在一个阳光灿烂的日子出去玩，早晨的阳光斜射向地面，于是在小兔子后面形成一个长长的影子，小兔子认为这影子是可怕的大黑兔，害怕地奔跑起来。但是只要有阳光射到的地方，大黑兔就紧紧跟着它，为了躲开大黑兔，小白兔逃进了树林，树林又黑又暗，没有阳光，大黑兔消失了，但是树林里有吃肉的大灰狼。小白兔又逃出大树林，在它跌倒在地上，以为肯定要被大灰狼吃掉时，大黑兔又出现了，保护了它。最后小白兔终于知道了谁是朋友，谁是敌人，高兴地拉着大黑兔一块去玩了。

早晨和孩子们讲完这个故事，我有意识寻找一个阳光明媚的下午，带孩子们来到室外活动场地，一起观察影子。我们一起在阳光下蹲下、站起观察影子的变化。我们一起躲到障碍物的背光处，观察我们的影子哪儿去了。我们想办法让影子和自己的身体分离。这些都没有向孩子要结果，而是让孩子讨论想办法，并去验证。我是想通过这样读书，让孩子学会从书本外去思考，遇到问题自己能通过实践去验证、去解决，在解决问题中享受读书的乐趣，品尝成功的喜悦。

通过这样一个有趣的，可以亲身去体验的故事，让孩子们了解有关影子的知识，如影子和物体是连在一起的；影子可以比物体本身大很多倍；影子和我们是好朋友，等等。我想用这个故事勾起幼儿探索影子奥秘的好奇心，让孩子主动去探索。我们可以开展很多延伸活动，比如探索影子怎么和身体分开？探索影子什么时候大，什么时候小？怎么让影子消失等。这些有趣的科学活动一定会让《走开，大黑兔！》这个小故事更丰满起来，这会成为一本培养科学探究精神的好绘本。

延伸阅读：《影子飞机》，［日］五味太郎 文/图，邱琼慧 译，明天出版社

27. 我们是怎么来到这个世界的

(故事绘本：《人之初》，吉葡乐、素数花开 文，安培 图，北京联合出版公司)

我拿这本书去给孩子讲，是抱着试试看的心理，试试孩子们对这个故事是否感兴趣，也看看孩子们能否接受这样的说法。

考虑到之前没讲过这类绘本，为了让孩子好接受，我直接来到大班。这本书的书腰是透明的肉粉色，包裹在闪着点点银光的白色封面上，白色封面上是三个飘逸的黑色字——"人之初"，"初"字上的一个点就像健康而完美的卵子，而"人"字一捺的末端恰像一个精子，让我们感觉到画者的用心，看着封面就有一种新生命降生的崭新的喜悦。

画面的色彩运用很好，好到能让每一个人通过色彩感觉到作者要表达的情感主题。当我翻到蝴蝶页时，一个孩子说："这和肉色一样。"我想孩子在内心已经感觉到这色彩的意义了,只是他能感觉到却并不能表达得更清晰。

我开始讲故事:"我从爸爸王国来,到妈妈王国去。"孩子们看着图说:"是小蝌蚪。""我们像一群自由的小鱼,不停地游,游啊游……"孩子们惊呼:"这么多!"也许在他们脑海里已留下了一个印象,这么多精子最后只会留下一个和卵子结合。

读到"精子和卵子结合,不断分裂,发育"时,孩子们告诉我发育的胚胎就像棉花糖,轻轻的、软软的。也有孩子说:"像节日时商店里挂着的很多小气球。"看来这个年龄段的孩子们对吃喝拉睡是最感兴趣的,当然也是因为他们接触这些是最多的。不过胚胎发育的过程也就以这样的状态保留在了孩子们的脑海。

"我悄悄地练习着生长,有手有脚,有鼻子,有嘴,有耳朵,……最妙的是,我还有眼睛。"孩子们都在图上找着嘴、眼、耳朵,找到了,就自豪地向同伴炫耀一番,找不到,一边找一边说:"你们找的不对。"可是说完,他还是指着其他孩子找到的地方开心地说:"在这儿,在这儿。"很有意思吧!孩子们就是这么天真,正因为这样,我愿意每天都来给他们讲故事,在讲故事中享受他们的天真和快乐。

当我读完故事,孩子们对书并不感兴趣,倒是很有兴趣地讨论着从父母那听来的"出生的故事"。有的说:"妈妈的肚子破了一个口子,我就像孙悟空一样跳了出来。"有的说:"医生给妈妈的肚子开了一刀,把我拿出来,又给妈妈把肚子缝上了。"有的说:"我从妈妈肚子里使劲一钻就出来了。"孩子感兴趣的是自己怎么出来的,并把这个话题不断向同伴炫耀,没有人去理会书上的生长过程。也许孩子只是想证明自己是妈妈的孩子,在寻找一种安全感吧。

看来我从哪儿来,会是一个永恒的话题!

延伸阅读:《小鸡鸡的故事》,[日]山本直英 文,佐藤真纪子 图,蒲蒲兰 译,连环画出版社

28. 腊月的主题活动绘本

(故事绘本:《北京的春节》,老舍 文,于大武 图,连环画出版社)

《北京的春节》这本书的文字作者是家喻户晓的老舍先生,而绘图作者更是熟悉北京就如自己家的于大武老师,单单是他们二人的才气就足以引起我们每一个人都读一读了。

我有幸参加了这本书的新书发布会,还得到了于大武老师亲笔签名的书。于大武老师一口纯正的老北京话,为人和气而朴实,《北京的春节》中的画也透着这种老北京的厚重朴实之风。

《北京的春节》是很典型的北方春节的故事,很合适让现在的孩子了解传统的风俗,在快节奏的现代生活中感受一份传统的沉淀。

在进入腊月，拿着这本书去给孩子们讲一讲，是最合适的了。故事从腊七、腊八腌腊八蒜、熬腊八粥开始讲起，用细腻的画笔向我们展示了在最传统、最隆重的节日，人们快乐、富足、进取、健康的心态。买年货、扫房子、放鞭炮、剪纸、买年画、写对联，各种各样的节日活动装点出热闹、喜庆的团圆气氛。故事中有孩子们的喜悦，买吃的、买玩具、买新衣服；有老人的幸福，一家人共享天伦；有女人的期盼，盼着在外打工的丈夫归来团聚，或放下农活逛庙会。总之那时的春节是从大到小，从老到少都念着、盼着的。我们今天依然过年，但少了那份欣喜和期盼，总觉得少了些什么。这本书我们是一边讲一边让孩子体验的，腌腊八蒜和熬腊八粥，都是邀请家长来幼儿园和孩子们一块做的。

真正的"年"从腊月二十三就拉开了序幕。在我们老家有这样的顺口溜："二十三糖瓜粘，二十四扫房子，二十五磨豆腐，二十六蒸馒头，二十七杀只鸡，二十八贴对子，二十九炖锅肉，大年三十包饺子，正月初一吃一顿。"正像书里所说，在我还是孩子的时候，过年是从正月初一开始。平时我们放假都要干活，比如带弟弟妹妹、做饭、扫地等等，而从初一开始到初五是不用的，这几天我们可以尽情地玩，还不用写作业。那才叫真正的幸福！

关于"年"的话题和"年"的感受太多了，而这本书每一页都画得那么细腻丰富，几乎每一页都可以和孩子聊半天，十几个孩子对藏在画里的细节还挖掘不尽。腊月二十三熬腊八粥的米、豆子、干果就让孩子们说了半天。我想他们回家肯定还要跟妈妈、奶奶学个没完。

给孩子们讲《北京的春节》，我有三个感受。

一是那些让我小时候盼望激动的词或事，已远离了现在的孩子。比如这本书中的"春节""腊八粥""糖瓜""年画""庙会""守夜"，孩子们知之甚少，或是只知道名字而不知其意。我之所以对这些词记忆深刻，提到都会激动，大概是因为当时物资匮乏，只有到了春节的时候，才能吃到、玩到。现在的孩子无论何时都能享受到这些，所以就没有那么深的感受，也不再盼望了吧。

我的第二个感受是，绘本图画中的丰富的细节，让孩子学会观察，体验生活。我们在腊八那幅图画上看到了熬腊八粥的各种材料，比如花生米、菱角、大枣、核桃、腊八蒜，还有那放在袋中虽看不到，但根据生活经验让我们猜到的是——米。另外灶台旁的墙上还贴着灶王爷的贴画，和后面送灶王爷上天的习俗联系在了一起。过了腊月二十三，我们看到年的气息更浓了。妈妈贴窗花，女儿举着扫把扫房子，爸爸贴门神，儿子手里拿着对联，年的气息已扑面而来。这一家人只有女儿是带着笑容面向读者的，其他三人我们看不到他们脸上的笑容，但能从画面上感到他们的幸福。妈妈拿毛巾细心地抚平窗花，爸爸翘起手指头仔细地把门神贴正。胡同口邻家大嫂一手抱着大白菜，一手提着一捆葱，笑嘻嘻地好像在和拿对联的孩子打招呼，大嫂旁边露出一条穿蓝色长衫的腿和一只提着鱼和肉的手，这可是位爷们，大概是大嫂的老公。图上还有一个扛着板凳的老汉，板凳露出一半，上面固定了一块磨刀石，凳腿上绑着一杯水，老汉左手扶着肩上的板凳，右手拿着一串可以发声的铁皮（说不上叫什么）。这些细腻丰富的画面，让我和孩子都融进了北京的春节，也盼着今年的春节快点到来。

三是孩子对吃的、玩的最感兴趣，每一页上只要有吃的、玩的都要讨论半天。只要是吃的、玩的，很小的细节他们也能发现，隐藏在某个角落里也能找出来。这些勾起了孩子们对这本书的兴趣，对过年的兴趣。

正值腊月到来，能和孩子们共读这本书，不仅唤起了我温馨的回忆，也让孩子们能了解传统中美好的东西，抛开电脑、电视，让孩子尝试一下走亲访友，一块包饺子、挂灯笼、买年货、打扫卫生的快乐。在过年中学会干点力所能及的事，享受一下朴实的亲情之乐。

所以这本书一定要放到进了腊月去讲，讲完后要求家长和孩子在过年时一块体验一下故事里的各种风俗。

延伸阅读：《打灯笼》，王亚鸽 文，朱成梁 图，连环画出版社

第四辑
讲同一作者的系列书

　　在给孩子讲故事中我突发奇想，想给孩子讲讲同一作者的系列书，让孩子了解每一位作者都有自己创作的风格和特点，让孩子们在听故事、观察细节的同时关注画面的艺术表现，这样对培养孩子的审美能力会有一定的帮助。于是我选了比较有特色的艾瑞·卡尔拼贴画系列，让孩子感受拼贴画的特点和夸张的艺术表现手法。除了听故事之外，孩子们还可以尝试创作自己的拼贴画，体验艾瑞·卡尔拼贴画的风格。

29. 与孩子一块走进艾瑞·卡尔

(故事绘本:《小种子》,[美] 艾瑞·卡尔 文/图,蒋家语 译,明天出版社)

这个故事讲述了一粒比所有的种子都要小的种子,和别的种子一样被大风带向远方。在旅途中,它经历了太阳的炙烤,飞过了雪山,飘过了大洋,躲过了鸟儿和小老鼠的吞食,终于迎来了春天;可是发芽后,还是危机重重,对雨水和阳光的饥渴,刚出地面就被人践踏,乃至开花后被人折断……很多种子没有躲过这些危机,而小种子侥幸存活、成长,并开出了巨人花。最后它的种子又随风飘向远方,开始新的一轮旅途。故事中讲到植物的繁殖、生长的过程和生存的不易。我不知道孩子能明白多少,但我想他们一定会有所收获,有所启发。

孩子们的观察能力和语言表达能力都有惊人的进步!已经不需要我引

导，就能自己观察、讨论。封面是一朵巨人花，孩子们讨论是什么花，一个说是向日葵花，理由是向日葵花是黄色的。另一个说不是向日葵，因为向日葵是低着头的。还有一位说，向日葵的叶子不是这样的。看来孩子们在生活中已积累了很多知识。打开蝴蝶页，白纸上贴印了密密麻麻的彩色的点。孩子们可能听书的名字叫"小种子"，就都认为这些彩色的点是种子。

故事开始了，这本书文字很多，可是孩子们看图就能读出大部分内容。第一页，我告诉孩子们："秋天来了，大风吹来，把花种子们高高地扬起来，带到远方。在这些种子中间，有一粒特别细小，比别的种子都小。"孩子们知道了秋季，种子成熟后，要被风带走，会带到哪儿呢？让孩子带着疑问看下去吧。

翻到下一页，一粒种子飞得特别高，越飞越高。它飞得太高了，炽热的太阳把它烧着了。我没读文字，但孩子们已发现那粒被烧焦的种子，还找到了那粒特别小的种子。接下来，种子们飞过高高的雪山，有一粒种子停在高高的冰山上。山上的冰终年不化，种子不能生长。剩下的种子继续飞……孩子们讨论了寒冷的雪山会把种子冻成冰、冻死，得出结论："这粒种子肯定发不了芽了。"他们赶紧找那粒小种子，担心它也被冰山冻住了。

孩子似乎从前两页找到了规律，也找到了兴趣。下一页是种子们正飞越大海。一粒种子掉到海里，被海水淹没了，别的种子随风飘着。孩子们发现了海水里那粒种子，认为海水不适宜种子生长，咸咸的海水会把种子淹死的。他们看到那粒即将掉到海里的小种子，都十分担心，急着要翻到下一页。

"一粒种子飘落到沙漠里。大沙漠又热又干，种子不能生长。现在，我们的小种子已经飞得很低了，不过，借着风力它还能跟上别的种子。"这一页，我读了文字。孩子们松了一口气。再下一页："风终于停了，种子们慢悠悠地落到地上。一只小鸟走过，把一粒种子吃了。我们的小种子没被吃掉，它太小了，小鸟都看不见。"我没读文字，孩子们发现鸟吃了一粒种子，不停惋惜着。冬天到了，小老鼠也来寻找吃的，又吃了一粒种子。种子在一粒一粒减少，春天终于来了。但危机仍然存在，没有雨水和阳光，已经发芽的小苗死掉了；还有一些小苗刚长大被不注意的人踩死了；就是好不容易开花了，还是被某只手折断了。一粒种子能活下来，开花、结果，真是太难了。孩子们似乎明白一些，又似乎不很清楚，但他们肯定不会去折花园里、路边刚开的花朵了！

"小种子长成的植物孤独地生长着，它长啊，长啊，一刻不停。阳光照耀着它，雨水滋润着它。它有很多叶子了，它越长越高。比人高了！比树高了！比房子都高了！现在，它也长出了一朵花。附近的人们，甚至远处的人们都来看这朵花。这是他们看到过的最高的花，简直是巨人花！"孩子们感到了这巨人花的大，它比人高很多，比房子还高，终于不用担心它死掉了。它终于开花、结果，有了自己的种子。"一阵风吹来，这回，果荚打开了，无数小种子从里面飞出来，随风飘去。"终于完成了一个轮回，又孕育了新的生命。新的旅程又开始了，植物也就这样生生不息，艰难而又顽强地传承着生命。

延伸阅读：《一粒种子的旅行》，[德] 安妮·默勒 文/图，王乾坤 译，南海出版公司

30. 看似简单其实不简单

（故事绘本：《袋鼠也有妈妈吗?》，[美]艾瑞·卡尔 文/图，林良译，明天出版社）

艾瑞·卡尔的彩绘剪贴画生动、明快，最能引起幼儿的惊奇和喜爱。

《袋鼠也有妈妈吗?》整本书语言简单，相同语句不断重复出现，让孩子在玩中通过相同句式的问答认识了很多动物，知道所有动物都有妈妈，所有妈妈都爱孩子。

看似很简单的一本书，开始我认为对于3—4周岁的孩子来说有点太简单了，想着他们可能会不感兴趣，于是同时准备了另外一本书。没有想到幼儿很着迷，我讲完了准备走时，一个小男孩怯生生地说："我还想看!"他一说，围上来好几个孩子都要求看，我看看快到时间吃饭了，只好把书留下来，交代老师让孩子们轮着看，可以互相交流。老师后来告诉我，孩子很喜欢这本书,有的孩子读完一遍又翻一遍,看了一遍再翻一遍,就是舍不得让给别的小朋友看。

故事从扉页就开始了。画面上是奔跑中的袋鼠妈妈,肚子上的袋子里装着一只袋鼠,孩子们通过看图认识了袋鼠,通过观察发现了它前腿短,后腿长的特征,知道了它跑起来是一蹦一跳的,还在无意识中知道了袋鼠妈妈是把小袋鼠装在胸前的袋子里养大的。

开头就是一句问话:"袋鼠也有妈妈吗?"回答是肯定的。"有!袋鼠有妈妈。就像我有你也有。"

这样的句型不断重复,只是不断变换动物的名称,无形中让幼儿认识了袋鼠、狮子、猴子、海豚等十一种动物。讲故事中还可以让幼儿根据句型加入更多的动物的名称,互相比一比,学一学不同动物的样子和动作。这样不但发展了幼儿语言,也让孩子学会留意观察生活中的小动物。每一次问答的最后作者都抚慰地告诉每一个孩子:"就像我有你也有。"是的,每个孩子都有妈妈,每个妈妈都爱孩子,对于刚上幼儿园的孩子听到这本书时,一定会在内心和妈妈建立一种安全链接,这会更有利于孩子心理的健康。读完这本书,我突然感受到了绘本强烈的治愈作用,故事中的每一句话都在重复,都在抚慰孩子的心灵。

故事中反复出现一问一答的形式,每次回答都是肯定的,这种肯定的回答会给幼儿带来安全感,正适合3周左右建立安全感的幼儿,也就难怪孩子们会这么喜欢这本书了。这本书更适合亲子共读,当妈妈和孩子就这么一问一答来读这本书时,一定会让孩子感受到来自妈妈的满满的爱。

把这本书推荐给胆小,缺少安全感的所有孩子,尤其推荐给这些孩子的爸爸妈妈。

延伸阅读:《我永远爱你》,[英]牡丹·刘易斯 文,彭妮·艾夫斯 图,金波 审译,外语教学与研究出版社

31. 和孩子一块动起来！

(故事绘本：《从头动到脚》，[美]艾瑞·卡尔 文/图，林良 译，明天出版社)

没有料到孩子们会这样喜欢这本书，我感觉封面上大大的猩猩似乎并不可爱。

这本《从头动到脚》同《袋鼠也有妈妈吗?》是同一个作者——艾瑞·卡尔，书中的图画都是彩绘剪贴画的形式，很适合低幼的孩子。《从头动到脚》是一本带着幼儿一块做运动的好书。

开始讲故事时，我和孩子们一块坐在桌子旁边，刚开始只有四个小朋友，我读着故事文字，简单做着动作。

"我是企鹅，我会转头。你会吗?"

第四辑　讲同一作者的系列书

"这个我会!"

我读故事的同时下意识地转了转头，发现有的孩子竟跟着我认真地做动作。

"我是长颈鹿，我会弯脖子。你会吗?"

开始有孩子小声跟我一块接着说："这个我会。"跟我一块弯脖子的孩子比刚才多了。但孩子们似乎对"脖子"不是很清楚，他们把脖子当成了腰，我想可能因为长颈鹿的脖子太长了吧。我笑着说："我的脖子在这儿!"我又示范了一下，孩子们马上就做对了。

接下来是耸肩膀、摆动胳膊、拍手、捶胸……当我说出"我是×××，我会×××，你会吗?"时，所有的孩子齐声对上"这个我会"。不知什么时候，我和孩子们已经站到教室的空地上，一起做起了运动!

今天的故事会变成了我和孩子们的对话和表演。故事中提到的动作都是做该动作的小动物的标志性动作，比如大猩猩喜欢捶胸，猫经常把背弓起来，等等。所以孩子们很乐意学，还学得很形象。当我讲道："我是猫我会把背弓起来。你会吗?"孩子们接着说："这个我会!"并学着一块做弓背的动作，可是做动作时，才发现听故事的孩子已有十几个了，地方太小了，我们只好换一个更宽阔的地方接着讲，和孩子一起做动作。

接下来，孩子们和我一起开心地说着，开心地做着动作。

"我是鳄鱼，我会扭屁股，你会吗?""这个我会!"

"我是骆驼，我会跪下来，你会吗?""这个我会!"

"我是驴子，我会踢后腿，你会吗?""这个我会!"

我和孩子们一边慢慢说着，一边开心学着，从中孩子们了解了不同动物的特点或习性。早晨来园先做做运动，同时学点东西，还是很不错的，孩子们一定会带着好心情开始美好的一天!

最后一页非常有趣，前面都是动物做动作，孩子跟着学，这一页突然变了，图画中一个男孩子伸着脚趾头对鹦鹉说："我是我，我会动动脚趾头，你会吗?"

"这个我会！""这个我会！"孩子欢快地接话。

看到故事中鹦鹉抬起了爪子，认真的孩子们就要脱鞋跟着一起做，因为天还凉，我笑着组织孩子们说，咱们一块动动手指头吧！故事讲完了，我对孩子们说："我是我，我会挥手说再见，你会吗？"孩子们齐声说："这个我会！"我挥着手说："那让我们说再见吧！"孩子们也挥着手对我说："园长，再见！"

这本书非常适合老师带着小朋友一块读，也可以适当配上音乐，可以让孩子在模仿中，从头到脚身体各部位都得到运动。这本书的内容也非常丰富，除了教小班孩子说"我是×××，我会×××，你会吗？"和"这个我会"这种日常口语表达外，还向小朋友介绍了11种动物，11种动物的身体部位以及12种动作的叫法，内容还是很丰富的。

最后如果孩子兴趣仍在，还可以接着创编故事。

延伸阅读：《可爱动物操》，方素珍 文，郝洛玟 图，河北教育出版社

第四辑 讲同一作者的系列书

32. 我们都有责任和义务

（故事绘本：《海马先生》，[美]艾瑞·卡尔 文/图，王林 译，明天出版社）

这是一本科普绘本。书中让孩子认识了10种海洋动物，了解了6种海洋动物卵生小宝宝的方法，也知道了什么是保护色。说实在的，里面大部分动物我都不知道的，看来绘本里的知识对大人也是一种补充呀。让孩子以看图听故事来扩充自己的生活经验，这是绘本的一大特点，所以这是一本好绘本，适合3—5周岁幼儿来赏读。

这本书做得也很巧妙，海草画在一张透明的玻璃纸上，透过玻璃纸，从海草缝隙可以隐约看到下面的喇叭鱼，不细心还真不容易发现。看这样的书，很能提高孩子的注意力。讲故事时，中班幼儿对躲藏在海草里的喇叭鱼、珊瑚后面的狮子鱼、海藻中的叶鱼、礁石后面的石头鱼都很感兴趣，并且每一页都乐此不疲地去寻找。因为喇叭鱼和海草的颜色和形状很接近，躲在海草后面就很难被发现，开始大部分孩子都没有发现，只有一个小女孩细心找到了，我表扬了她，引起了所有孩子的羡慕，大家都开始认真去观察，去寻找，要找到别的小朋友没发现的动物。看来适当表扬和引导是激发孩子好奇心和兴趣的好办法。通过讲这个故事也发现这本书很适合用来培养孩子的观察能力。

当翻到藏在珊瑚后面的狮子鱼、海藻中的叶鱼、礁石后的石头鱼时，孩子们都瞪大眼睛透过上面一层画着保护物体的透明纸去寻找后面的动物。我突然想到孩子的兴趣和图画书本身有关，也和讲故事的人的引导有很大关系，而我正在慢慢学习通过讲故事引导孩子。

孩子们另一个兴趣点是，他们发现在海洋中，不同的鱼妈妈们会把卵产在鱼爸爸身上不同的地方。海马太太把卵生在海马先生肚子上的育儿袋里；罗非鱼太太把卵产在罗非鱼先生的嘴巴里；钩鱼太太把卵产在了钩鱼先生的头上；而最有意思的是海龙太太沿着海龙先生的肚子生了许多宝宝，孩子们都说这些宝宝看上去更像海龙先生的脚。这让孩子们大开眼界，说不定会有孩子因此喜欢上研究海洋生物呢！

这本书里的图画色彩亮丽，线条流畅，很适合做绘画的延伸活动，可以让3—4周岁幼儿用蜡笔或油画棒来画一画这些可爱的动物，也可以让4—5周岁幼儿分角色来表演怀孕的样子，体验一下当妈妈的辛苦。这既是一个很好的绘本剧剧本，又是一次不错的感恩教育的机会。我想这些看似简单的延伸活动会带给孩子们很大的成就感，除了这些有趣的知识和好玩的体验外，故事还向孩子传达着一种生物繁衍生息的生命精神，传递着一种在生物繁衍中父母要担负的责任和义务。

延伸阅读：《我是一条快乐的鱼》，[法] 克罗蒂亚·贝林斯基 文/图，郑迪蔚 译，北京联合出版公司

33. 绘本的年龄是多大？

(故事绘本：《小羊和蝴蝶》[美] 艾诺·桑卡德 文，艾瑞·卡尔 图，蒋家语 译，明天出版社)

开始选这本书到中班讲，是考虑到这本书文字比较多，但讲的过程我就发现，其实文字多少并不能判断适合阅读的年龄，因为对于幼儿园的孩子来说阅读就是看图听故事，而不是读文字。

这本书仍保留着艾瑞·卡尔的剪贴画风格，图很简单，动物和植物也不多，有一只小羊、一只蝴蝶和羊妈妈，还有 5 种不同种类的花介绍给孩子，因为简单才更合适小一点的孩子。但这本书又确实不简单，我们让孩子们认识了 5 种花的外观、习性和用途（讲述者如果提前做一点功课，孩子们会更崇拜你），通过故事孩子们会知道蝴蝶飞行时是独自一人，路线是曲曲弯弯的，而小羊是几只一起，排队走直线的。很有意思的是故事结束后，孩子们都只字不提小羊，好像故事中不存在这个小羊。不管男孩还是女孩，说的都是蝴蝶，对蝴蝶"弯弯曲曲、曲曲弯弯"地飞学得也很形象。有一个叫史然旭的男孩还联想起了蝴蝶是怎么来的，他刚一提到毛毛虫，孩子们就七嘴八舌说起来了：毛毛虫第一天吃了什么，第二天吃了什么，……最后变成了什么。有一个小朋友得意地说，就是那个《好饿的毛毛虫》的故事！经过我的提示，孩子们好像才突然想起故事中还有小羊呢。

　　这个故事中的文字并不吸引孩子，孩子们对这个故事的图画倒是更感兴趣。读完，我感觉这本图画书中的文字有点和图画不太匹配，没有起到互补的作用，似乎没有文字反而让孩子更放得开。在单纯欣赏图画时，孩子们就热闹起来了，还是那个史然旭直喊："我喜欢绿绿的草，我喜欢绿绿的草！"看到小羊和羊妈妈，几个小男孩终于谈起了小羊。我有意引导孩子们说："冬天为什么小羊不用去南方，而蝴蝶要到南方？"孩子们的回答很直白，也很关键："冬天小羊的羊绒大衣会保暖，而蝴蝶没有羊绒大衣会被冻死。"很有意思吧！通过故事孩子们还知道了小羊是喝妈妈的奶长大的，而蝴蝶只能依靠吮吸花蜜生存。

　　给中班的孩子讲这个故事，他们已不仅仅局限于故事中的一点内容和信息了，他们由蝴蝶联想到了《好饿的毛毛虫》，联想到了家里养着的蚕；由向日葵联想到《植物大战僵尸》，观察到了向日葵白天会向着太阳，晚上会低下头。并且孩子们听完故事，还认真研究了前后封面。看来孩子们经验越来越多了，对整个绘本故事有了更深的了解，不仅听故事，看故事，还会注意观察封面和封底，他们已经知道封面和封底有时也会藏着故事和有趣情节。但他们对故事更深层次的含义还一时难以理解，如小羊在蝴蝶的离去时能够尊重蝴蝶的选择，坦然接受的情节，所包含的深意——朋友之间有不同意见时，要学会互相尊重和理解。不过我想随着年龄的增长，孩子们会像小牛一样把读过的书再次反刍的。

艾瑞·卡尔系列讲完，建议大家给孩子再讲一套李欧·李奥尼的系列绘本故事。

延伸阅读:《不是那样，是这样的!》，[瑞士] 卡琳·谢尔勒 文/图，陈琦 译，二十一世纪出版社

第五辑
和教师同讲一本书

在讲故事中我发现，很多时候，老师们还是把故事当成教育活动，认真准备、严谨设计每一个环节，时刻不忘提问和抓住一切机会教育孩子。这令孩子们听故事时经常要担心老师出其不意的问题，因而变得小心翼翼，不能完全沉浸在故事中了，也就失去了听故事的乐趣。而作为园长，我和老师的关注点有时候是不一样的。我从来不带着任务去讲故事，每次都是为了把一本书中的快乐传递给孩子，因此孩子们在听我讲故事时总是很放松，更愿意听。

所以我开始尝试和教师同讲一个故事，让教师们了解孩子能专注地听故事，远比为要回答一个问题而听故事收获的快乐多，也更能培养孩子的阅读兴趣。

34. 找秘密

(故事绘本:《鲁拉鲁先生请客》,[日] 伊东宽 文/图,蒲蒲兰 译,二十一世纪出版社)

我选了伊东宽的鲁拉鲁系列作为新学期开园给孩子讲的第一套绘本故事。选择的原因有二:一是暑假时间比较长,幼儿在家跟着父母家人,产生了依赖和习惯,刚回到幼儿园会有分离的焦虑,而伊东宽的绘本色彩明快,内容温馨,对心情焦虑不安的幼儿能起到心理调节作用,我放到早晨入园读给孩子听,会让孩子这一天有个愉快的开始。二是鲁拉鲁系列中有很多小动物,也隐藏着很多细节,符合幼儿喜欢小动物的特点,可以通过找隐藏的细节,集中幼儿的注意力,让幼儿一个暑假玩野的心收一收。

中二班的幼儿明显比中一班活跃很多,这似乎和带班老师很有关系。不过我感觉分享这本书大家活跃一点更好,因为故事本身就是一个热热闹闹的过程。我刚把绘本放到桌子上,围过来的孩子就热烈讨论起来。他们发现的真不少。他们发现书名写在平底锅上,"锅下的火苗"让他们还争执了一会儿,因为一个说是水滴,另一个说是火苗,最后通过观察和讨论发现中间有红色才同意是火苗。

现在给孩子讲故事我都会从封面讲到封底,扉页和蝴蝶页都让孩子们看一看。这本书封面和封底正好是呼应的。封面上鲁拉鲁先生准备去炒菜,帮忙的有青蛙、乌龟、小猫、小狗。对于这个小狗,孩子们还有争议,一个小女孩说是狐狸,好几个小男孩说是小狗,我没有告诉孩子答案,因为是什么并不重要。封面的下半部分画着四条小虫子,一条爬在香蕉上,一条推着一个西红柿,另外两条在吃苹果。封底上鲁拉鲁先生和小动物们做了一条大鱼正准备吃呢,而他们坐着的地毯正是封面上小猫包着的那卷格子布。再看封底的下半部分那四条小虫子都吃饱了,一条躺在香蕉皮上,一条头顶着西红柿的绿蒂,另外两条好像在争吵,其中一条还抱着苹果核,不知是否在抱怨对方吃得太多了。

翻到蝴蝶页,有的幼儿很感兴趣,开始找着、说着自己认识的物品,可有些急性子,对这一页不感兴趣,急着往后听故事。

故事的文字很简练,讲述了鲁拉鲁先生有一个很整洁的厨房,他喜欢星期六在厨房做一顿丰盛的大餐,还说他上过好几年厨师班,研究过好多菜谱,关键他喜欢请朋友来品尝。我讲到这儿,孩子们看着图开始说:"我想吃。""我也喜欢吃鱼。""哈哈,我闻到了香味了!"看来画的颜色让大家很有食欲呢。伊东宽先生很了解孩子们!于是鲁拉鲁先生买来一大堆做菜的材料,要动手做给大家吃,小动物们和孩子们一样等不及,提前来了。大家都挤进厨房帮忙,很快孩子式的特点表露出来,他们都等不及了,帮着帮着都吃了起来。鲁拉鲁先生开始很生气,可是当他也跟着吃起来时,却享受到了一起分享的快乐,不觉笑了起来。所有的读者看到他们开心地大口大口吃水果、蔬菜、鱼时,也会被感染。孩子们已经按捺不住要翻页了。下一页鲁拉鲁先生竟手舞足蹈了。看孩子们的表情就知道他们也想尝一尝了，正好是餐点的时间，我想这一顿孩子们会吃得香香的。

　　这本书孩子们最喜欢的一页是鲁拉鲁先生的嘴里大口大口嚼着，一手摇晃着酱罐，给斑马往菜叶上加果酱，一手挥舞着胡椒瓶，给鳄鱼张大的嘴巴喷洒胡椒粉。是鲁拉鲁的手舞足蹈吸引了幼儿，还是动物们快乐的吃相感染了幼儿，抑或是里面不同动物选择不同的食物，不同的吃相诱惑着孩子们……孩子们沉浸在图画带来的欢乐里，不停地发现，不停地惊喜，很长时间不愿意翻页。

　　在讲这个故事时，我有意强调了鲁拉鲁先生的表情变化，比如：生气、高兴、吃惊、思索、睡觉，让孩子们知道人的表情与心情是密切相关的，因为讲再多的故事也是为了让孩子更好地生活。

35. 快乐其实很简单

大家都纷纷大吃大喝起做菜的材料来,这让鲁拉鲁先生目瞪口呆,越看越生气。

(讲述教师:杨晓梅)

今天一起和孩子们分享绘本《鲁拉鲁先生请客》,很有意思的一本书,绘图也很可爱。一看到书的封面,孩子们被浅粉色的封面上简洁的画面、丰富的色彩所深深吸引。我先向孩子们介绍故事的主人公"鲁拉鲁先生",孩子们立刻观察到并说出画面上出现的小动物,有的幼儿立刻说出"蜜蜂",有的孩子说出"小虫子",连"西红柿""香蕉"等水果名称也一一说了出来,可见孩子们观察得很认真,观察角度也不同。由此,我展开话题,猜猜他们要去干什么?一个小女孩大声说"去吃饭",可见根据画面,孩子就能理解图画中的意义所在。

鲁拉鲁先生的搞笑吸引了孩子们，孩子们喜欢这种幽默，鲁拉鲁先生在厨房里光着脚板，观察到的孩子问我："老师，鲁拉鲁先生为什么光着脚？"幸亏我在电视里见到日本人进家门都是要换拖鞋或是光着脚的，正好给孩子们显摆一下。当看到鲁拉鲁先生买回来的材料时，孩子们为他准备的食物之多而感到惊讶，看到鲁拉鲁先生生气的样子时，有的孩子说："我妈妈生气时也是这样！"最后鲁拉鲁先生和客人把堆成了小山的食物给吃得干干净净，揉着鼓鼓囊囊的肚皮躺倒了一片，好不惬意……孩子们哈哈大笑起来，孩子们说出他们睡觉的位置，"有的在桌子上，长颈鹿在桌子底下"，还有的幼儿发现睡觉的鳄鱼"吃了食物以后变大了……"当出现鲁拉鲁先生与客人再见时的画面，有个孩子说"没有鳄鱼了"，有的孩子说"它还在鲁拉鲁先生家睡觉呢"。孩子们发挥着各种想象，我正好进行简单地引导，让孩子们来个续编故事。

故事结束了，鲁拉鲁先生原先设定的完美的计划就这样被打乱了，本来鲁拉鲁先生很生气，但很快就被小动物们的快乐感染了，看来鲁拉鲁先生内心还是充满童真的。鲁拉鲁先生一贯严格按照学过的操作做菜，他相信只有这样菜才会好吃。他那群不懂烹饪艺术的朋友却让鲁拉鲁先生发现，"大家一起热热闹闹地吃着，不管吃什么，怎么吃都非常的香"。当鲁拉鲁先生加入那帮"不懂厨艺"的朋友中，放弃所谓的"大人"的尊严，和小动物一起抢东西吃时，就完全融入了现场，"感觉特别痛快"，也就寻回了他天性中的童真！这告诉我们大人在貌似古板的外表下，都有一颗深藏不露的童心，这颗童心把鲁拉鲁先生和他的小动物朋友们连结在一起，带着他走出固定的轨道，感受单纯的快乐，他"从来没有这样享受过"！

其实，这本图画书——《鲁拉鲁先生请客》里的小兔子、小猫咪、小老鼠、小狗、小鳄鱼、小狮子、小乌龟……就是孩子们啊。而吃东西呢，所象征的也不仅仅是吃东西这件事。大人眼里一件严肃复杂的事，小孩子会从本能出发，享用其单纯好玩的一面。

所以，在我看来，这本图画书所描述的故事，是儿童意识同成人世界的碰撞，其结果呢，自然是孩子战胜了大人。唉，大人们就是很累，因为所谓的规矩，给"成人"套了一件坚硬的外壳，把简单的事情搞得很复杂。很喜欢这个总是笑眯眯的鲁拉鲁先生，更佩服他的好脾气和孩子气。还特别羡慕他能够勇敢地像他的小客人们一样，把鱼啊虾啊番茄啊鱿鱼啊萝卜啊豌豆啊青菜啊……通通填进了嘴巴里！

　　如果我们都像鲁拉鲁先生一样，不仅孩子们是快乐的，我们自己也是快乐的呢！快乐其实很简单！

36. 体验共享的美好

(故事绘本:《鲁拉鲁先生的院子》,[日] 伊东宽 文/图,蒲蒲兰 译,二十一世纪出版社)

中班孩子入园一年了,读绘本也有一年的时间了,可以看到他们的阅读习惯已逐步形成。虽是刚开园,但孩子们早上到园,已是主动到图书角挑一本自己喜欢的绘本,找一个位置坐下来读。孩子们个性不同,从读绘本中也可以看出来,有的孩子内向,喜欢安静地自己读;有的拿着书和身边小伙伴兴致勃勃地分享着,虽然只言片语,虽然没有逻辑,但他们快乐的笑声足以证明他们互相理解所说所想的一切。

我拿着《鲁拉鲁先生的院子》走进中一班。这是一本色彩明快,让人轻松愉快的故事书,果然孩子们一看封面就高兴地围了上来。绘本故事中讲述了鲁拉鲁先生特别喜爱草坪，喜欢把它修剪得整整齐齐。由于鲁拉鲁先生太爱干净、整洁了，他讨厌动物朋友们来草坪上玩。所以他的草坪虽然干净整洁却总让人们感觉缺少点什么，鲁拉鲁先生本人也显得很孤独。开始我甚至很讨厌这个鲁拉鲁先生，因为他会拿弹弓去赶跑小动物。鲁拉鲁先生的改变有点突然，有点偶然，甚至像小朋友的脸，说变就变——那是发生了什么？

故事从封面就开始了，鲁拉鲁先生拿着水壶在喷水，一群小动物偷偷地跟在他身后，画面的下半截是提心吊胆、东张西望的小动物：很美的封面，却透着紧张、压抑、不安的气氛。但中班孩子们似乎并没有察觉出这种不和谐的氛围，只是感兴趣地找着自己喜欢的动物，说着它们的名字。蝴蝶页是蓝色底，用白色画着各种动物、修剪花草用的工具，还有鲁拉鲁先生。孩子们饶有兴趣地一个一个辨认着、争论着，有些不认识的我就告诉他们，说错的小朋友，我也不刻意去纠正，这不会影响孩子以后的认识，保持兴趣是最重要的。

故事中文字很简单，第一页左面是鲁拉鲁先生站在草坪上的远镜头，右面是近镜头，两幅画的远近变化给人以拉近的动感。我读文字："这是鲁拉鲁先生。"孩子们很认可这种由远及近的表达方式，都用心细细地观察。第二页突出了鲁拉鲁先生的院子，小草整洁有序，一尘不染，鲁拉鲁先生骄傲地介绍他的院子。第三页左边他在修整他的院子，右边小动物好奇地试探着跑进来，图上配的文字是："如果有谁要闯进来……"文字加了省略号，引导孩子们去思考，产生去翻页的欲望，这也是图书功能之一。下一页告诉了我们结果，鲁拉鲁先生怕它们弄脏自己的院子，用弹弓赶走了它们。乌龟、小老鼠、壁虎被打中，躺在地上，壁虎尾巴也掉了半截，有的孩子猜测它们被打死了，有的甚至感到很惋惜。翻过来又是一张近图，一张远图，近图是鲁拉鲁先生给草坪浇水，但他好像并不太开心，因为他的眼睛看着远方；远图中鲁拉鲁先生的小房子孤零零地立在草地上，很寂寞，构图的变化在这本书中运用很多，变大与变小给人以动感，连页则扩展了要表达的内容。

　　第二天早晨，当鲁拉鲁先生突然发现院子里多了一截木头时，他会怎么办？孩子们有的说"踢出去"，有的说"烧掉"，看来解决问题的方式跟孩子的生活经验是紧密相连的。鲁拉鲁先生真的朝"木头"踢了一脚，但是鲁拉鲁先生发现那不是木头，是鳄鱼！我故作惊讶："鲁拉鲁先生为什么没有看清楚是鳄鱼？"孩子们七嘴八舌。有的说因为它们长得很像，有的说鳄鱼闭着嘴巴，缩着脚，跟木头一样，但有一个小女孩说，鲁拉鲁先生没有戴眼镜。这时很多孩子加入了小女孩的行列，说鲁拉鲁先生肯定是近视眼。他们还对鲁拉鲁先生把鞋踢掉了很感兴趣。他们也猜测着鳄鱼会不会把鲁拉鲁先生吃掉？下一页左边是现实，鲁拉鲁先生想拿着弹弓射击鳄鱼，甚至戴上了眼镜。右边是一幅想象的画面，鲁拉鲁先生想象惹怒了鳄鱼，鳄鱼会把他吃掉，于是决定不用弹弓了。鲁拉鲁先生该怎么办？这本书通过构图画面，通过语言表达，都在促使读者有翻书的欲望，这也是这本书吸引孩子的地方。

　　故事在这时发生了转机，鳄鱼竟然向鲁拉鲁先生招手，并告诉鲁拉鲁先生："喂，老头儿，你躺下吧，舒服得很。小草软软的，扎着肚子，真的很舒服！"每一个第一次读的人都想知道鲁拉鲁先生会不会躺下，都会因急着知道结果而去翻页——鲁拉鲁先生真的躺在草坪上了。这时图画上又出现了封面上那些小虫子，它们在好奇地议论着，也许在讨论鲁拉鲁先生会有什么样的感受，它们也想试试吧。这时虫子的表情和封面相比发生了变化，对于虫子心态的变化，中班孩子还不太理解，其实不要急功近利，理解也好不理解也罢，顺其自然就好。鲁拉鲁先生开始很紧张，被动地躺在草地上，可是草坪真的很舒服，舒服得使他踢掉了鞋，摘掉了眼镜，陶醉地闭上了眼睛。很有意思的一幕出现了：小虫子也被感染了，悄悄地商量着也要爬到草坪上感受感受。这时鲁拉鲁先生站起来向远处招手，书上没有文字，这使我们更想知道他想干什么。孩子们猜：鳄鱼走了，他在告别。嗯，很有创意。翻过来我们看到草坪上躺满了动物，不用解释，鲁拉鲁先生一定在向所有的动物招手。孩子们也高兴起来了，数着小动物，还在讨论着鳄鱼为什么不吃小动物，孩子们最后的答案是："草地太舒服了。"是啊，大家在开心快乐相处时，就是朋友，朋友怎么会吃朋友呢！这一页也和前面第二页空荡荡的草坪上鲁拉鲁先生孤独一人形成了对比，会让孩子感觉分享是多么快乐幸福。鲁拉鲁先生再也不孤单了，我们看到的是一幅美丽的、生机勃勃的、和谐的画面。

翻到封底可以让孩子们和封面来一个对照，你喜欢哪幅画面呢？

37. 小班和中班是有区别的

（讲述教师：徐娟）

今天和小班小朋友分享《鲁拉鲁先生的院子》。这些小朋友没有接触过"鲁拉鲁先生"系列绘本，但是已经有看过很多绘本书的基础，所以特别喜欢听绘本故事，也喜欢观察绘本画面。

我让小朋友围着我坐好，都能看到书的画面。我拿出绘本书，让孩子们观察封面，问小朋友："你们看到了什么？"小朋友们回答的各有不同：小虫子、七星瓢虫、小猫、小狗、小乌龟、小老鼠、一位老爷爷等；我继续问道："他们在什么地方呢？从哪看出来的？"小朋友回答："花园。""有很多绿绿的菜。"（小朋友们认为绿色的点点是菜，所以说阅读绘本孩子们更容易进入情境）我告诉小朋友："这位爷爷是鲁拉鲁先生，这是鲁拉鲁先生的院子。"有小朋友观察到说："他在浇花，我们家就有这个壶。"（已有经验的积累）有的小朋友说："小动物们都跟着他。"

我翻开扉页，问小朋友们："鲁拉鲁先生在做什么？"刚开始，小朋友们说："鲁拉鲁先生在浇花。"有小朋友分辨说："不对不对，鲁拉鲁先生在喷小动物。"有的小朋友补充说："小动物们欺负鲁拉鲁先生了，鲁拉鲁先生用水喷小动物。"（这个小朋友已经学会找因果关系了，语言表述很完整，口语表达能力非常好）。

我边翻开正文，边给小朋友讲《鲁拉鲁先生的院子》这个故事，"这是鲁拉鲁先生，这是鲁拉鲁先生的院子，让他很骄傲的草坪院子。"我问孩子："鲁拉鲁先生的院子怎么样？"有一个小男孩说："很乱，乱七八糟的。"我问他为什么，他指着绿色点点说："这些草好乱呀。"有个小女孩则说"很漂亮"，还有小朋友说"好大呀"（因为小班的小朋友不太理解骄傲的含义，所以理解的意思就会偏差）。

我继续讲故事："鲁拉鲁先生每天都修整他的院子，如果有谁要闯进来——"小朋友们看着图，都争着说自己看到的画面："有小动物们来捣乱了。""小狗藏起来，不让鲁拉鲁先生看到。""鲁拉鲁先生要把小动物都赶跑。""鲁拉鲁先生还戴着眼镜呢。"（观察得很仔细，为之后的画面做了铺垫）

我肯定了这几位小朋友的话，夸他们观察得很仔细，继续讲故事："就用弹弓赶走它们，他擅长打弹弓。"我问小朋友："为什么要用弹弓赶走它们？"很多小朋友说："它们捣乱了，都不听话。"（经常性的情景，爸爸妈妈和老师经常要求孩子们不要捣乱，要做听话的好孩子，孩子们用经验回答，这么统一的回答，其实我觉得这是教育的一种悲哀）还有小朋友说"把小动物赶跑了，它们就不敢来了"，"小动物们吓跑了"，总之都是因为小动物们不好，所以被打了。

我告诉小朋友："这是鲁拉鲁先生的院子，鲁拉鲁先生非常爱惜他的院子。一天早晨,鲁拉鲁先生朝院子里望去,吃了一惊,一节很大的圆木头躺在院子里。"孩子们在看到画面,还没听到我念文字时,争着说:"是树倒了。""鲁拉鲁先生要把木头扔出去。"有的小朋友出主意:"把倒的木头竖起来,放直了。"(这位小朋友觉得竖起来的木头占地就小了)

我继续念着文字:"鲁拉鲁先生非常生气,抬脚朝木头踢去,谁知那木头竟然张开了大嘴。原来这是条鳄鱼。"看着画面中鳄鱼的大嘴巴,一位小朋友说:"鳄鱼要把鲁拉鲁先生吃掉。"另有一位小朋友问:"木头呢?"旁边小朋友回答:"被鳄鱼吃掉了。"一位小女孩更正他的回答:"不是,鳄鱼就是木头。"看着画面,一位小朋友说:"这是鲁拉鲁先生的家。"一位小男孩说:"他的家太小了。"另外一位男孩说:"我们家可大了,鳄鱼吃不了。"(对于画面中的房子,小班小朋友们不太理解远近画法的不同,看到近处大鳄鱼的嘴巴比房子还大,就认为鲁拉鲁先生房子小)

我继续翻着绘本书,讲故事:"鲁拉鲁先生赶忙拿出了弹弓。可是,他想鳄鱼急了咬他怎么办?鲁拉鲁先生决定等等看。""为什么鲁拉鲁先生不离开呢?"对于我的问题,有小朋友回答:"这是鲁拉鲁的家。"有的说:"鳄鱼不吃鲁拉鲁先生了。"还有的说:"鳄鱼把他的鞋子吃掉了,就饱了。""他的鞋太臭了,不吃他了。"(孩子们开始充分发挥他们的想象力了,我为之叹服)

我肯定孩子们的回答"有道理",继续读绘本:"鳄鱼招手叫他,'喂,老头儿,你躺下吧,舒服得很。小草软软的,扎着肚子,真的很舒服。'鲁拉鲁先生怕鳄鱼生气,只好按它说的做。院子里的草坪贴着肚子,隔着睡衣,软软的,痒痒的。"我问小朋友:"鲁拉鲁先生觉得草地舒服吗?从哪看出鲁拉鲁先生觉得很舒服呢?"小朋友观察很仔细:"舒服,他闭着眼睛呢。""鞋都脱了,光着脚丫呢。""他摘了眼镜。""快睡着了。""他们都好舒服,闭着眼睛舒服呀。"(开始关注人物表情了,有了很大进步)

我继续翻着绘本书,讲着故事:"这是鲁拉鲁先生,这是让鲁拉鲁先生很骄傲的草坪院子。""瞧!鲁拉鲁先生在做什么?"我指着画面问小朋友。一个小男孩抢着说"他在招手。"一位小女孩补充说"他在叫,快来呀。"我追问:"让谁来?"孩子们想了想,才有一位小朋友说"毛毛虫",更多的回答是"小鸟""鳄鱼""小猫""小狗""小乌龟"。(孩子们已能记忆故事的大致情节和出现的事物,但是常常需要有其他小朋友的提醒。不过孩子们知道回答问题时,别人回答过的不重复,说明故事听得都很认真)

我翻开最后一页,看到小动物们都躺在鲁拉鲁先生院子上时,孩子们特别开心。我问小朋友:"你们喜欢不喜欢鲁拉鲁先生的院子?"有一个小男孩说:"我不喜欢,因为地上太脏了。"另一个男孩悄悄地对我说:"我在家都躺在床上睡。"我问小朋友:"我们一起到鲁拉鲁先生的院子上玩捉迷藏,可不可以?"这一次孩子们都表示"好"。有小朋友补充说:"我们可以玩游戏。"

对于孩子们说草地上脏的问题,我觉得是因为现在小朋友们都没有在草地上躺一躺的经验。于是我选择在中班又讲了一次故事,为了让孩子们理解"草地软软的,很舒服"这个含义,我让小朋友躺在地毯上。这一次孩子们都舒展了身体,有趴着的、有平躺着的、有斜倚着的。不管是什么形态,大家脸上都洋溢着笑容,感觉到了舒服的真正含义,理解了鲁拉鲁先生为之"骄傲"的院子,因为大家都觉得很舒服,从而理解到了为什么鲁拉鲁先生要邀请小动物们都来他的院子里,躺一躺。开心的原因不仅仅是草地舒服,用小朋友的话就是"小动物们都来院子躺着,好舒服,舒服得都想睡着了",更多的在于这个"都"字,这就是"分享"的快乐。

从小班和中班小朋友回答对比可以看出,中班小朋友观察的更多的是细节,理解更透彻。比如观察表情,通过看鲁拉鲁先生的面部表情来总结出鲁拉鲁先生内心世界,是在生气还是高兴;又如通过事件猜想之后发生的事情。鲁拉鲁先生转头看到小动物们跟着他,用喷头喷小动物,这时的表情是胡子翘起来、嘴巴抿着、耳朵红红的,代表他很生气。看到鲁拉鲁先生用弹弓赶走小动物们时,中班小朋友能观察到小壁虎尾巴断了,小老鼠和小乌龟四脚朝天,是在装死,目的为了不让鲁拉鲁先生打它们。(生活经验已经很丰富了)鳄鱼招手叫鲁拉鲁先生过去干什么?孩子们猜想是"说事情""想出去逛逛""不吃鲁拉鲁先生了"。(孩子们通过看表情能看出鳄鱼没有吃鲁拉鲁先生的欲望了,画家功力了得,同时也能看出孩子们推理很准确)

不管是中班还是小班的小朋友,都很喜欢这个故事,都能感受到大家在一起很快乐,分享这本书的目的就已经达到了。

38. 学会简单对比

（故事绘本：《鲁拉鲁先生的自行车》，[日] 伊东宽 文/图，蒲蒲兰 译，二十一世纪出版社）

"鲁拉鲁先生"系列绘本共三本，在中班讲了其中的两本，这一本我准备在大班讲讲试试。因为年龄差一年，阅读时间也多一年，他们的经验肯定是不一样的。

大班的孩子确实比中班的有了更丰富的经验，我只是说出了这本书的名字，孩子们就已开始发表自己的看法。他们找到了封面上所有的动物：青蛙、乌龟、小猫、小狗、小虫子，还有一只小蜜蜂，当然不会忘了鲁拉鲁先生。这套书封面和封底是相互呼应的，我翻到封底让孩子们看，问孩子哪儿有什么变化？封底和封面一样，还是那几个动物和鲁拉鲁先生，但是他们的关系却发生了微妙的变化。在中班讲时,并没去问孩子为什么,刚从小班升入中班,仍然以培养兴趣为主,只要孩子们有兴趣去看,引导他们慢慢去发现就可以了。大班的孩子在看懂图的基础上,就要适当学着简单去对比、分析、理解了,但是点到为止,也不用强求,兴趣永远都是第一位的。把《鲁拉鲁先生的自行车》的封面和封底,放到一起对比来看,孩子们自然就发现,封面上鲁拉鲁先生推着自行车,小动物们笑着跟在后面,并且几个小动物走路的样子都画得惟妙惟肖;而封底却成了几个小动物骑在自行车上,鲁拉鲁先生在后面小心地帮它们扶着。这样对比,可以让孩子们体验把自己心爱的东西分享给其他小朋友,大家一块玩的快乐。封面和封底下边都有四条小虫子,也向孩子们讲着交换、分享的快乐:封面上两条粉色小虫各自玩两个轮子,两条黄色小虫每条玩一个轮子。而封底却换了过来,两条粉色小虫每条一个轮子,两条黄色虫子成了每条两个轮子。虽然图画书中没有告诉我们中间的过程,但孩子们都能发挥想象猜到过程。这也正是用榜样的力量教给孩子,而不是枯燥地说教。

  伊东宽的这本书《鲁拉鲁先生的自行车》和约翰·伯宁罕的《和甘伯伯去兜风》故事情节相似,但两人的画风和色彩运用有很大的差别,伊东宽的画风更活泼、热闹,色彩更温和亮丽,小动物的形象也更可爱,人物鲁拉鲁先生的表情也更生动,所以《鲁拉鲁先生的自行车》更适合幼儿去读、去画、去模仿。

  有趣的是我讲《鲁拉鲁先生的自行车》不仅吸引了孩子们,也吸引了李晨老师,在我讲完之后,李晨老师和孩子们重新分享和体验骑车的过程。这样不仅加深了孩子们的理解,也让孩子们通过运动体验了鲁拉鲁先生表情变化的原因。

39. 坐上鲁拉鲁的自行车

(讲述教师：李晨)

早晨樊园长给孩子讲故事时，我才看到了这本刺激有趣的书。

书的色彩以暖色调为主，说明它是一个温暖有趣的故事。早晨吃完饭后，我与孩子们一起重温了这本书。绘本最大的魔力在于它能一眼吸引住孩子的注意力。我跟孩子一起认识了鲁拉鲁先生和他的自行车后，故事正式开始了……

我们发现鲁拉鲁先生有一个习惯，每个星期天都会骑着自行车在他家后面的林子里穿梭，始终笑眯眯的。可是上坡时，我引导孩子们观察：鲁拉鲁先生的嘴角不再上扬。我问孩子们："为什么鲁拉鲁先生不笑了？"一个孩子说:"因为坡太高了,骑不上去就得使劲,累了就笑不出来了。"于是我跟孩子们一起模仿鲁拉鲁先生上坡的表情,孩子们的表情都很用力。后来不需要我引导,孩子们会不由自主地开始观察模仿鲁拉鲁先生的表情。孩子们会抢先说:"老师你看,鲁拉鲁先生下坡就笑了,不累了。"孩子们的观察力非常厉害!

在鲁拉鲁先生答应让小老鼠坐上车时,突然画面上出现了一群动物,孩子们"嗡"地一下笑开了。我问孩子们:"这么多动物,鲁拉鲁先生能带的完吗?"孩子们有说能,有说不能。当我将书翻到所有小动物都上车后,孩子们全都"哇"地喊起来,惊讶、兴奋、不可思议的表情涌现出来。这么多小动物骑车肯定不稳,有一个孩子说:"老师你看,他带得那么重,骑车都得咬牙使劲。"这时我请孩子们观察画面,孩子们发现了鲁拉鲁先生眼睛晃着圈,头上冒着烟。我引导孩子们看小动物的脸上有什么表情,孩子们说:"都在笑。"这说明它们从鲁拉鲁先生那里得到了快乐。鲁拉鲁先生再累也没有放下任何一个小动物,让他的朋友们都得到了快乐,一起分享的快乐。到下坡时我与孩子们都紧张起来,故事的高潮也即将来临。与孩子们一起模仿下坡时鲁拉鲁先生的表情,孩子们开心极了,当看到所有小动物稀里哗啦全掉进水里那狼狈的模样,大家再也忍不住笑了起来。这本书的魅力就是用简单的画面把故事带进了每个孩子的内心。

孩子们开始观察各种动物落水姿势,学了起来。画面一变,水中小动物都笑了。细心的孩子们发现小兔子很可爱,它把鲁拉鲁先生掉入水中的眼镜戴到了自己的头上。

当所有的动物一起在河边喝茶躺着的时候,孩子们仿佛身临其境一样地说:"好舒服呀。"最后一幕,鲁拉鲁先生带着所有小动物回家时,孩子们眼里都流露出羡慕和向往。

读完这本书后我意犹未尽,感觉自己跟孩子们一起坐上了鲁拉鲁先生的自行车,度过了刺激快乐的一天。

40. 观察鲁拉鲁先生的变化

就用弹弓赶走它们，他还长打弹弓。

    与孩子们一起分享"鲁拉鲁先生"系列后，我的感悟颇深。"鲁拉鲁先生"系列共有三本：《鲁拉鲁先生的自行车》《鲁拉鲁先生的院子》及《鲁拉鲁先生请客》。

    在与孩子们分享这三本绘本书时，我先让孩子们认识蝴蝶页，因为我们可以从蝴蝶页中感受这本书的内容。在《鲁拉鲁先生的院子》的蝴蝶页中有各种各样的修整院子的工具，这时我会告诉孩子们这些工具能干什么，鲁拉鲁先生总用这些工具来修整院子，更能让孩子们理解鲁拉鲁先生喜欢院子的心情和保护院子的行为。蝴蝶页中也有好多小动物，可是这些小动物都是以跑的姿态出现。这是为什么呢？孩子们带着疑惑跟我一起来看这本书。在讲完故事后，孩子们理解动物一开始为什么会跑，很多孩子能说出是因为鲁拉鲁先生不喜欢小动物们来他的院子玩，正在驱赶它们。这和后来鲁拉鲁先生与动物们十分融洽地躺在那里休息，形成了鲜明的对比。

在讲完《鲁拉鲁先生的院子》后孩子们学会了更用心地观察，观察到从一开始鲁拉鲁先生总是严肃紧张不带微笑的，到后来他跟小动物们一起躺在草坪上，脸上流露出满足的微笑。这时我问孩子们："一开始为什么鲁拉鲁先生不笑呢？"张梓瑞告诉我："因为他不愿意跟小动物一起在院子里玩，所以一个人没意思就不笑了。"李欣阳说："因为他总是不让小动物们在那里玩，总想着赶它们走，自己也顾不上玩了。"

其实这个故事告诉我们一个道理，院子就是一个自己喜欢的玩具，保护着，不让任何人去碰，谁要玩你就要跟谁生气着急，可是自己保护得再好，没有人陪你一起玩也没有人看着你玩，就会变得没意思。这时如果你可以拿出你的玩具跟大家一起分享，你一定会玩得非常高兴，并且会获得更多的快乐。

《鲁拉鲁先生请客》这本书蝴蝶页中出现的是好多厨房用品，孩子们也特别积极地告诉我：这是锅，这是菜刀，这是蔬菜，这是……

第一页的观察就把所有孩子的目光都吸引住了。开始讲故事孩子会跟我一起说："这是鲁拉鲁先生，这是鲁拉鲁先生的厨房。"在讲故事中，孩子会因为看见小动物们把厨房弄得乱七八糟而哈哈大笑；会因为看到小猫一把抢过小狗手里的鱼时，不由自主地说猫就爱吃鱼；看到小动物们自己在烤东西时主动跟着学得有模有样；当看到所有小动物吃饱了躺着摸肚子时，孩子们会不约而同地一起摸着自己的肚子说："好饱啊！"我也会觉得他们吃得好痛快！尽管故事没有按照鲁拉鲁先生提前预想的流程走，但最后鲁拉鲁先生及小动物们都特别开心高兴。

孩子们现在特别喜欢鲁拉鲁先生，因为看到他的样子就会笑。人物设计特别有喜感，鲁拉鲁先生穿着橙色背带裤和蓝点衬衣，耳朵上边两处"炸炸"的头发和一副圆圆的眼镜，让孩子一眼就喜欢上了他。最初鲁拉鲁先生一本正经的，就是一个"伪家长"的化身，远离童心，也就远离了快乐。后来的鲁拉鲁先生变成了一个童心未泯的"儿童"，也就获得了快乐。

这个故事告诉大人一个道理：有时候我们也可以放开约束，体验一下孩子那种单纯简单的快乐。

延伸阅读：《和甘伯伯去游河》《和甘伯伯去兜风》，[英] 约翰·伯宁罕 文/图，林良 译，河北教育出版社

41. 美在人心

(故事绘本:《我们的世界》,[美] 莉兹·嘉顿·斯坎伦 文,玛勒·弗雷泽 图,崔维燕 译,连环画出版社)

第一次,教孩子们看书前解开书的"腰带",孩子们很感兴趣,看来爱看书更要学会爱护书。我要走时忘记拿书腰了,几个孩子还特意跑出来给我,我正好告诉孩子们不能像我一样马虎,看完书了一定要给书系上腰带。

这是一本画风粗犷优美,文字朴实流畅,读完让人心旷神怡的好绘本。在设计上作者颇用心思,因为我们的世界本身比较抽象,加上孩子们没有过多的生活经验,理解起来有难度。作者用了几组画面进行阐释:用大海描述世界的辽阔;用农民的丰收表示世界的美好;用老树和孩子对比世界变化；用月有阴晴圆缺，告诉我们要学会调节自己；用室外寒冷衬托家的温暖；用一家人和睦相处告诉孩子世界就是我们所有人信任、关爱地生活在一起。整个故事在时间上是精心安排的，有从早晨到晚上一天的描述，又包含了春夏秋冬四季的风景。

没讲故事前，我问孩子们：你们都喜欢什么？孩子们有的喜欢棒棒糖、苹果、汉堡，有的喜欢楼房、大海、树，有的喜欢爷爷、老师、幼儿园等等。我告诉孩子们："你们喜欢的这些东西都很美丽，它们一起组成了我们的世界，当然还包括你们每一个人。"所以孩子们对书中的每一幅图都很感兴趣，每一页都有孩子参与讨论。

文中每组图画都含有深意。第一组：像是三幅分图组成了第四幅整图，前三幅图每一幅都是第四幅的一部分，且组合得很完美，是一种粗犷之美。文字也很诗意优美："岩石、石头、小石子、沙粒。身体、肩膀、胳膊、手。挖一条护城河，拾一个美丽的贝壳。世界宽广又辽阔。"我给孩子读文字，孩子们听完后，对图中在沙滩上玩沙和拾贝壳很感兴趣，互相讲他们暑假去过海边，见到过石头、沙滩和贝壳。当孩子互相分享时，我就停下来等着。反正这本书故事性不是很强，让孩子讨论一下，加深对世界的理解更好。第二组又是另一种美，那是一种散发着农家香味的田园之美。正是那常见的农家之美勾起了我们的回忆，让我们闻到那久违的瓜果清香。孩子们在这儿想到了采摘的场面，互相说他们采摘过草莓、樱桃、苹果等。这样倒是把故事扩展开了。第五组的文字是："滑倒、摔倒、跌倒、绊倒，雨像打翻了的水桶，哗哗地往下倒，换个日子就会好。世界就是这样循环往复。"这一组孩子们可能理解不了文字背后的含义，但他们肯定知道天气有晴天，也会有下雨的时候，不要为这些抱怨。随着他们慢慢长大，某一天遇到了挫折和困难，这些优美的语句一定会帮助他们正确认识这些遭遇，从而让他们变得坦然。这样一组一组画面向我们展示出我们的世界，展示出我们身边不经意的美好，我尽量通过故事把这种体验传递给了我们每一个孩子。故事最后说："你听见、闻见、看见的一切，世界就是这一切，这一切就是你和我。"这会让孩子明白自己生活中遇到的、经历的就是我们的世界。所以我们的世界是什么样，完全取决于我们每一个人。

就是孩子们不理解这些，也没关系。听着诗歌一般优美的文字，看着如画的风景，这本身就是一种享受，一种熏陶。更何况每个人眼中的世界都是不一样的，就如开始时我问孩子喜欢什么一样，也许你的世界就是五彩的棒棒糖，我的世界就是依偎在父母身边……而这所有的一切就是我们的世界！

世界是这么美，世界是这么复杂，世界又是这么简单！

延伸阅读：《小岛》，［美］玛格丽特·怀兹·布朗 文，雷欧纳德·威斯伽德 图，崔维燕 译，连环画出版社

42. 我们的世界

蜜蜂 围着 蜂巢，
扇动 翅膀，
嗡嗡嗡……

刚掰的 玉米，
清香、甘甜。

西红柿 结满果实，
红彤彤。

（讲述教师：李晨）

明媚的早晨，樊园长跟孩子们一起分享了一本看起来十分温暖的书，名字叫作《我们的世界》。

世界对于很多人来说都有着各种不同的理解，有的孩子说世界就是在圆圆的地球上，也有孩子说世界就是游乐场，世界就是我的家，世界就是这儿……

《我们的世界》对于我是一个崭新的绘本，我没有提前做功课，没有收集和阅读关于这个绘本的专家解释，事先也不了解这本书要传达的意思。这本绘本对于我跟孩子们来说都是新的，那么我们就会一起从里面找出我们要的答案。我经常会跟孩子说的话就是："我们一起看完这个故事，也许答案就会被我们找出来。"这次我就跟孩子们带着疑问一起来看这个绘本，到底"我们的世界"是什么样呢？

翻着一页页绘本，读着一段段语句，看着一幕幕温馨的场景，孩子们跟我一起享受着，像图画中的孩子一样，在沙滩拾贝壳，听着蜜蜂嗡嗡嗡的声音，闻得到食物的香甜，能看得到每一个人都在享受着周围的生活，大人们在忙碌一天的生活，但是没有抱怨。随着孩子的视角看去，看到伙伴们都在树上嬉笑打闹开心地玩耍。孩子们七嘴八舌地说："我也爬过树。""我哥哥爬得最厉害！""爬树可好玩儿啦！"每一个场景都是那么简单，但是每一个场景都构成了一种幸福、快乐的感觉。

《我们的世界》从明媚的早晨到充满月光的晚上，描绘了一整天的美好的时光。用诗歌般的语言描绘了我们的世界里所有伟大而渺小的事物。从身体、肩膀、胳膊、手，到岩石、石头、小石子、沙粒……从最广阔的天空到家人的温暖怀抱，再到最微小的海滩上的贝壳。

故事讲完了，我问孩子们："我们的世界是什么样呢？"这次的答案很多："我们的世界是有沙滩"，"我们的世界是有香香的饭"，"我们的世界是有小汽车"，"我们的世界是有爸爸妈妈和小朋友"。还有让我听到感觉很温馨的答案，杜星蔓说："我们的世界里有幼儿园，有园长，有大李老师、小李老师和范老师。"是啊，我们的世界里有孩子们，孩子们的世界里也会有我们。我们的世界很奇妙，有大得我们眼睛都看不全的东西，也有小得我们眼睛都看不见的东西，就是这大大小小的快乐的事物构成了"我们的世界"。

希望、和平、爱、信任，世界就是我们所有人！

第六辑
大中小班同讲一本书

在讲故事中，我逐渐发现，给不同年龄段孩子讲故事的时候，孩子们的关注点是不一样的，为了更准确掌握不同年龄段孩子对图画书的关注，我尝试了在不同年龄段班级同讲一本书的活动。

43. 慢慢来

(故事绘本:《我是最厉害的大野狼》,[法]马里奥·哈默斯 文/图,文小山 译,北京科学技术出版社)

早晨,我拿着选好的这本《我是最厉害的大野狼》走进小一班。我先把封面给孩子看,说:"今天,我给大家讲一个大野狼的故事,喜欢的可以过来听。"孩子们都很感兴趣,纷纷说:"最厉害的?我才最厉害呢!"有好几个孩子说:"我爸爸才最厉害呢。"看来,孩子对这个名字已经很感兴趣了。我指着封面对孩子说:"你看这只大野狼,双手叉腰,眼睛瞪着,不厉害吗?"有一个小女孩突然说:"没某某厉害呢!"(她说的是班上一个小朋友)我问:"为什么?"小女孩说:"他用拳头打小朋友的头。"她用手比画着。看来小班孩子更注重"眼见为实",对没看到的、还没生活经验、不能产生联想。我告诉孩子们，遇到这种情况，一定要告诉老师。

孩子已迫不及待地要翻页了。我开始讲故事：有一天，一只大野狼吃得饱饱的，要去散步。吃完饭散散步，有利于消化和健康。他还想做个调查。图上有一只小鸟，关注着这一切。大野狼首先碰到一只长耳朵兔子。我问孩子："看过这只兔子的故事吗？"孩子们都摇了摇头，于是我就不做补充扩展，这样更利于在孩子脑子里形成完整的故事，以防孩子失去兴趣。狼说："你好啊，漂亮的耳朵！告诉我：谁是森林里最厉害的？"考虑到小班，我又加了一句："说不好，我吃了你！"小兔子吓得赶紧说："当然是你了，尊敬的狼先生！"狼非常开心，继续往前走。我学着狼的动作——闭上眼睛，深深吸口气："真舒服，这感觉棒极了！"那只小鸟一直跟着他。我没让孩子去找，只是顺便提醒了一下。

这次狼碰到了小红帽。孩子们看来都听过《小红帽》的故事，开始讨论起来。有的说姐姐讲过，有的说妈妈讲过，还有的看过电视里的。看来这个故事，在民间已广为流传。狼问小红帽谁是最厉害的，小红帽害怕大野狼，也说是大野狼最厉害。这次大野狼高兴地唱起了歌。看来大家都喜欢听赞美的话。整本书一幅图画是狼与遇见者对话的近镜头，一幅图画是狼听到赞美后的远镜头，两个镜头交替出现，增加了动感。在远镜头中，有一只小鸟一直跟着大野狼，前两次孩子没注意到，在我提示下，小鸟第三次出现时，孩子已开始注意了。

接着，大野狼碰到了三只小猪。三只小猪同样害怕大野狼吃掉他们，也异口同声地说大野狼是最厉害的。这一次大野狼更骄傲了，甚至以为自己是森林之王，他吹着口哨，手舞足蹈。孩子这次早早发现，那只小鸟还跟在大野狼后面，只是他们背对着背，小鸟没看大野狼，孩子有疑问，我也不太清楚，是偶然，还是另有深意？

第四个碰上的是七个小矮人，孩子们自然想起了白雪公主。七个小矮人手里都拿着斧头。所以当我说到七个小矮人也害怕地说"最厉害的当然是你啊！"时，好几个孩子都问："他们也怕大野狼？他们手里有斧头啊！"

看来孩子们在边看边思考。

　　最后大野狼碰到了一个像蛤蟆的东西，有的孩子认为是"蛤蟆"，有的孩子马上纠正："那不是蛤蟆，它背上有刺，应该是恐龙！"当听小火龙说他妈妈最厉害时，我认为孩子会惊讶。没想到孩子是一副理所当然的表情。可以看出在他们心里，爸爸和妈妈都是无所不能，很厉害的。最后一页，小火龙的妈妈真的来了，于是大野狼再也不那么高大，书上只画出了小火龙妈妈粗壮的腿和大肚子，因为它太大了，一下子大野狼变得那么渺小。很戏剧性的一幕，但孩子竟没多大的反应！他们还急着往下看，可是已经结束了。也许孩子们还没理解，不过，不急，读故事也是要慢慢来的。

44. 我是中班的大野狼

给中班孩子读《我是最厉害的大野狼》的书名时，孩子们首先反应"这是一个大灰狼的故事"。因为，封面上的狼就是灰色的，很显然，孩子们学会了观察，有了自己的判断。有的孩子还把书翻到封底，看到了大灰狼和三个小猪的图画，就推测这是大灰狼和三个小猪的故事，问我："大灰狼把小猪吃了没？"其他孩子已开始着急了："讲吧！讲吧！"我就说："那就一起看看吧。"

扉页上是大灰狼一手紧握着举过头顶，一手紧握着放在腰侧，看上去很骄傲、自信的样子。讲的时候，男孩子都纷纷模仿。

我开始讲故事：有一天，一只大野狼吃得饱饱的，要去散步。吃完饭散散步，有利于消化和健康。他还想做个调查。与小班孩子不同的是，他们有两个问题：一是大野狼吃什么了？二是"调查"是什么意思？我问所有的孩子："你们说大野狼吃什么了？"孩子们一开始就发现树上有只鸟，于是就有孩子说"吃鸟了"，别的孩子就反驳"吃鸟？鸟就飞了"！

什么是调查？我给孩子们解释了一下，比如你想知道今天中午吃什么饭，就要到食堂去看看，这就是调查。大野狼首先碰到一只长耳朵兔子。我问孩子："看过这只兔子的故事吗？"孩子们都摇了摇头，看来孩子们没想起这只兔子呢。于是就接着往下讲。狼说："你好啊，漂亮的耳朵！告诉我：谁是森林里最厉害的？"我也加了一句："说不好，我吃了你！"小兔子吓得赶紧说："当然是你了，尊敬的狼先生！"狼非常开心，继续往前走，我学着狼的动作——闭上眼睛，深深吸口气："真舒服，这感觉棒极了！"中班孩子反应："小兔子只能说大野狼很厉害，要不然会被吃掉的。"他们又很快发现了那只鸟，并有了疑问："那只鸟在干什么？"

狼碰到了小红帽。孩子们看来都听过《小红帽》的故事，开始说起来。中班孩子讨论的和小班明显不同，他们记得小红帽都干什么了，说了故事中的一些细节，适当时刻我只好打断了，要不会影响故事发展了。狼问小红帽谁是最厉害的，小红帽害怕大野狼，也说是大野狼。这次大野狼高兴地唱起了歌。中班男孩子都很喜欢模仿大野狼的动作，甚至还包含着崇拜！

接着，大野狼碰到了三只小猪。男孩子们注意的是大野狼的姿势、动作，每个都模仿着，乐此不疲。三只小猪同样害怕大野狼吃掉他们，也异口同声地说大野狼是最厉害的。这一次大野狼更骄傲了，甚至以为自己是森林之王，他吹着口哨，手舞足蹈。这次孩子也注意到了三只小猪的样子，说："三只小猪抱在一起，吓坏了。"另一页上，小鸟背对着大野狼，孩子们讨论说是小鸟也害怕。

第四个碰上的是七个小矮人，当大野狼再次听到他是森林里最厉害的时，把手举到了头顶，尾巴翘了起来说："我还用得着再问吗？不用啦！全世界都是这么说的！"一个男孩听到这儿，突然加了一句："结束了吧？"

我一愣，突然明白，这是孩子最直接的反应。可是故事真到这儿结束，就太简单、没意思了。我顺着说："我们一起看看结束了吗？"翻过来，大野狼碰到了一个像蛤蟆的东西，孩子在这儿争论了一会，有的说像青蛙，有的说蜥蜴，最后他们认为背上有刺，否定了青蛙，腿比较长，不是蜥蜴，他们一致认为是恐龙。中班孩子已长大了！当大野狼问小火龙谁最厉害时，小火龙说："我妈妈最厉害！"孩子们开始起哄："大野狼要吃了他！""他妈妈是谁？"下一页大野狼大叫："你再回答一遍，谁——是——最——厉害——的——？"孩子们急着看结果呢，就翻到下一页了。有趣的一幕出现了：在巨大的火龙妈妈面前，大野狼显得很渺小，他小心翼翼地说："我？我……我……我就是这森林里最最温柔的一条小狼啊！"孩子们都大笑起来，还有的模仿着狼的动作和声音。

45. 我是最厉害的大野狼

大班幼儿对故事的关注和中小班都不一样。不过好的故事书，只要把握住幼儿特点去讲，不管年龄大小，都会喜欢。这本书我在小班、中班和大班都讲了一遍，孩子们都很感兴趣。我发现小班孩子更喜欢模仿动作，听一些象声词和直白的话，给小班孩子讲的时候，需要把有些语言进行转换，让其更短，更浅显，有时根据孩子反应需要增减内容。中班孩子注意观察细节，会考虑细节出现的原因，有些孩子开始有了自己的想法，能从图中读出部分语言，要注意适当引导其把图画语言转换成口语表达出来。大班孩子更注重听故事内容，自己有了猜测和判断并可以结合图进行简单的分析。

比如大野狼和兔子的一段对话，"你好呀，漂亮的耳朵！告诉我：谁是森林里最厉害的?"狼问。

我在小班讲时,在大野狼问"谁是森林里最厉害的?"之后加入一句:"说得不好,我吃了你!"小班孩子很喜欢这句话,一遍一遍模仿着,并由这句话明白,大野狼想要听什么,由此尝试去了解人物内心。

在中班,我直接读出这段文字,在读完这段之后加了一句:"小兔子为什么要说大野狼最厉害呢?"孩子们会七嘴八舌讨论出:"他不这样说,大野狼会吃了他。"让孩子学着去思考,也让孩子把图画中看到的"图语"(图中大野狼趾高气扬,小兔子很惊恐的样子)转化成真正的语言。

在大班,我只是按原文读给孩子听,读到这里我故意停顿一下,孩子就开始猜了:"大野狼不是森林里最厉害的,还有老虎呢!"另一个说:"他说老虎厉害,大野狼就会吃了他。"有的孩子就说:"那他只能说,大野狼厉害!"我接着把剩下的读完。孩子们都好像松了一口气一样,又有点猜中了的兴奋,更期待着故事的发展。孩子们就这样在快乐中学会了分析。

我发现,讲故事真是要用点心,也要有一点技巧的。

大野狼碰到小红帽,我们来看看不同年龄孩子的反应。这是一个传统故事,所有孩子对小红帽的故事都非常熟悉,见到穿红衣服的小女孩子都知道她就是小红帽。

在小班和孩子讨论的是:是不是听过这个故事,听谁讲过这个故事,比如听妈妈讲过、听姐姐讲过、听老师讲过、在电视里看过,没有更深讨论。

在中班,孩子知道小红帽是一个故事,故事中的小红帽就穿着这身衣服,故事里面的小红帽被大灰狼吃了,于是他们担心这个小红帽是否会被大野狼吃了。

在大班,孩子看到这一页,就说:"小红帽,又去奶奶家了,又碰见了那只大野狼。"看来他们对故事情节已有了记忆。

大野狼又碰到了三只小猪。

小班孩子似乎对三只小猪的故事不感兴趣，没人提起看过。但我知道我们园肯定是有的，孩子们只是不感兴趣而已，没有去关注这本书。他们只是对三只小猪挤在一起很感兴趣，对三只小猪说什么感兴趣，对大野狼吃没吃掉小猪感兴趣。

中班有部分孩子看到这一页，说看过三只小猪的故事，还能说出部分情节。

大班孩子看到三只小猪，就开始讨论自己看过的故事，基本可以说出整个故事。

有意思的是大野狼碰到七个小矮人。小班孩子很喜欢七个小矮人，一个一个数，能说出是白雪公主中的七个小矮人。中班孩子除了知道白雪公主和七个小矮人的故事之外，他们还问："七个小矮人都拿着斧子，为什么还怕大野狼？"我说："你们认为呢？"他们有的说："斧子是假的，塑料的。"有的说："他们还是太小吧！"有的说："见大灰狼吓坏了。"千奇百怪的想法都有，不过这正好开发孩子的想象力。大班孩子看图后很多孩子都认为，大野狼太大，小矮人太小了，小矮人肯定会怕大野狼。根本就没考虑小矮人有七个，也没考虑小矮人拿着斧子。我想也许在他们心里，这七个小矮人就像他们本身，大野狼就像严厉的父亲，人再多，拿上武器（玩具）也不起丝毫作用。

当我读到，大野狼碰到了一个像蛤蟆一样的东西，小班、中班、大班的所有孩子都能通过讨论得出这绝对不是青蛙，而是一只恐龙。小班孩子听小火龙说"我妈妈最厉害"时，都认为理所当然，因为在他们眼里，爸爸、妈妈是无所不能的，是自己受欺负时，能挺身而出的保护神。中班和大班的孩子听完这句话，都急着往下翻页，担心小火龙被吃掉。下一页，大野狼吼道："你再说一遍？"孩子们都静静等着我翻下一页，我能感觉这一瞬间孩子们都盼着往下听，却又怕看到小火龙被吃掉。能感觉到孩子矛盾的心理，也惊叹作者的高妙！翻到最后一页，在巨大的火龙妈妈面前，角色完全互换了，大野狼小心翼翼地说："我？我……我……我就是这森

园长故事会

林里最最温柔的一条小狼啊!"中班孩子理解还没那么透,先是惊叹小火龙有这么大的妈妈,就开始往下翻书,可是,故事已经结束了。中班孩子理解力还稍差那么一点。而大班孩子看到这页就笑翻了。

对大班孩子,我又把书从头翻了一遍,我想让孩子们从中体会大野狼这种前面耀武扬威,后面惧怕恭维的心理,引导孩子分析变化的原因。值得一说的是,大野狼每次听到赞美后,那种表情和动作,可以引导孩子们通过编演体会体会。

延伸阅读:《小红帽》,[德]格林兄弟 文,特瑞娜·沙特·海曼 图,李海颖 译,未来出版社

《白雪公主和七个小矮人》,[美]兰德尔·贾雷尔 文,南希·埃克霍尔姆·伯克特 图,马景贤 译,河北教育出版社

《三只小猪》,[美]大卫·威斯纳 著,彭懿 译,希望出版社

46. 习惯是慢慢播种的

(故事绘本:《小熊可可》,[美]唐·弗里曼 著,刘宇清 译,新星出版社)

《小熊可可》讲述了一只叫可可的玩具熊和小孩丽莎的故事。小熊可可穿着掉了一颗扣子的背带裤,住在商场的橱柜里,它希望有人喜欢它,把它带回家。丽莎喜欢小熊可可,但由于妈妈不同意,没能把它带回家。第二天,丽莎带着自己存钱罐里的钱,把可可抱回了家,并给可可一张床,还帮它缝上了缺少的纽扣。

这本书接近于生活,能和中班孩子产生共鸣的地方很多。在扉页上是一条绿色的背带裤,孩子们都很熟悉。翻过来是一个大商场的玩具柜,里面摆放着很多玩具,孩子们纷纷指着自己喜欢的玩具:笑口大开的狮子,长耳朵的小白兔，漂亮的布娃娃……孩子们也发现了穿着那条绿色背带裤的小熊可可，还发现了背带裤上少了一颗纽扣。

可可知道因为少了一颗纽扣，所以没人喜欢自己，到了晚上他就去找那颗丢失的纽扣，不小心踏上了自动扶梯，可可不知道这是楼梯，它想："它会是一座山吗？"说到这个问题，孩子们就开始争着讨论了，讨论得还很热烈。有的说："跟爬楼梯一样。"有的说："不用爬，扶梯自己走的。"有的孩子说："怎么爬山？"这个孩子估计还没体验过爬山吧。另一个孩子则用手向上比画着解释："就这样爬、爬、爬，就是爬山。"正在我们为这个孩子的可爱举动笑着时，一个孩子引入了另一个话题："我跟妈妈去商场坐过。"他的话引起了共鸣，这个说坐过，那个也说坐过，我引导大家用完整的句子说出在哪里坐过，跟谁坐过，或者干什么去坐过。只要孩子表达清楚，我就听着，当他们表达不清时我就帮一下忙或引导一下，等孩子们讨论的兴趣减小了，我再往下讲。

可可为了找扣子，爬上了一张床，突然发现床垫上有很多扣子，于是它使劲拔其中一颗扣子。有的孩子和可可一样高兴，认为找到了扣子。但一个小女孩最先提出来："这不是可可的扣子！"大家都安静了，一起望着小女孩，小女孩继续认真地说："床上有很多一样的扣子，肯定是床自己的，不是可可的。"大家都七嘴八舌地补充着。最后总结出："可可掉了一个扣子，这儿有很多扣子，所以这个扣子不是可可的。"看来中班孩子们已经慢慢学会了思考，也学会了分析问题，逻辑思维能力也在不断进步，我为孩子们的进步高兴。

当丽莎买下了可可时，孩子们讨论起了自己的玩具，有的喜欢布娃娃，有的喜欢小狗，还有的喜欢手枪……还说起了玩具是谁给买的，谁送的。我插了一句："是用自己存钱罐里的钱买的吗？"大家都摇摇头。我自言自语："用自己存钱罐的钱买一定很好玩吧？我想体验一下。"不知这句话孩子们是否放在心上，会不会引起他们的一点行动。我想这样可以让孩子学着管理钱，可以养成合理使用压岁钱和日常零花钱的习惯。

故事结束时，丽莎给可可缝上了一颗扣子，并且互相拥抱成了好朋友。我问孩子们是否有最喜欢的玩具，大家都说有。我请他们也帮心爱的玩具做一件事，比如帮它洗洗澡，并抱一抱它。

孩子们兴趣还很高，还要求再讲一会儿。我答应孩子们，下次来讲"小熊可可"系列的第二本《小熊可可的口袋》。

47. 家长需要正确理念引导

可可看着她们转身离开，难过极了。

　　上周给中班孩子讲了小熊可可，孩子们很喜欢。这周我拿同一本书去大班讲，我想了解不同年龄段孩子的理解程度。

　　我发现这仍然是大班孩子最喜欢的一本书。但大班孩子的观察力和想象力、表达力明显要比中班好。我把书放到桌上，让孩子观察封面，孩子们不但发现小熊可可的背带裤少了一颗扣子，还猜测小熊可可在找扣子。

　　故事第一页，小熊可可住在商场的玩具柜里，这些玩具做得太逼真了，孩子问我这些动物是真的吗？中班孩子还没有这样的意识，在年龄更小的孩子眼里，玩具和动物一样是有生命的，而大班的孩子已开始有了"生与死"的区分。我不知道该如何回答孩子的问题，因为它们是玩具，而作者却赋予了它们生命。我告诉孩子,听完故事,你会知道的。我想不管认为有生命,还是无生命,都是对的。孩子们都认为小熊是真的,它与众不同。玩具柜还有一个小丑,孩子们认为它的鞋很特别——孩子们已经很会发现绘本中的秘密了。

小熊可可晚上去找丢失的扣子,没注意它就上了电梯,"这是山吗?"小熊可可说。中班的孩子对爬山概念还不是很清楚,似乎认为越来越高就是爬山,所以对这个情境反应不大。大班孩子马上就笑了,有的说:"这明明是电梯,哪有山呀!"有的说:"我坐过。"小熊可可来到楼上,它被眼前的景象惊呆了——我接着讲。中班时,我要讲有什么东西,孩子们去发现、寻找,大班根本不用我提示,大家就说成了一锅粥:有沙发、枕头(准确说是靠垫)、桌子、床……还有孩子说床是长方形的。

小熊可可爬上了一张床,它发现了什么?我停住了,我想孩子应该有想法。果然,孩子争相发言,一个说:"它发现了圆圆的扣子,跟它的一样。"另一个说:"不是它的扣子,是床的扣子。床上有很多一样的,它只少一个。"这个孩子分析得非常清楚。但是小熊可不知道这些,它开始用力拔扣子。我讲到这儿,那个分析的孩子又插了一句:"你看,是床的扣子吧。"另一个男孩子纠正他说:"不是扣子,是装饰品。"他重重地强调,还补充分析:"你看它是缝上去的。"所有孩子都同意了。看来他们已学会自己分析和思考了,这也是幼小衔接的一项吧!

由于拔扣子,可可摔下床,惊动了保安,保安把小熊可可送回了玩具柜。这时其他玩具都已睡着了。为了对比我又翻到第一页,让孩子看了下白天时的玩具。可是孩子没在意这个,还是纠结于这些到底是真的,还是说只是玩具。看来孩子正处于认知意识的一个转变期。

第二天,那个叫丽莎的小女孩用自己存钱罐里的钱,买走了可可。孩子们也谈自己的存钱罐。有的孩子有存钱罐,有的孩子没存钱罐,有的说钱都在妈妈那儿。我倒是真希望每个孩子都有存钱罐,学会自己理财,这是孩子学会独立的第一步。有存钱罐的孩子也多不知它有什么用,其中一个小男孩说，他要用钱娶媳妇儿。看来孩子需要教育，家长也需要正确引导，这样才能形成家园合力。

故事讲完了。有两个孩子主动要求再看一遍，我把书给了他们。孩子对这本书很感兴趣，好几个孩子又围了过去。

延伸阅读：《戴红围巾的松鼠》，[美] 唐·弗里曼 著，吴式初 译，新星出版社

48. 单纯地讲故事给孩子听吧!

(故事绘本:《小熊可可的口袋》,[美] 唐·弗里曼 著,刘宇清 译,新星出版社)

　　昨天在中班讲《小熊可可》时,孩子就很感兴趣。临走时我答应孩子们会接着来讲。也幸亏今天我来了,因为见我进来,李老师马上对孩子说:"我说园长一定会来给大家讲的吧!这不来了嘛。"孩子们一拥就围了过来。那一刻,我突然有一种被幸福包围的感觉。当我拿出《小熊可可的口袋》这本书时,孩子们对着封面就讨论起来了:"看,还是那个小熊!"孩子记得可真清楚。又一个孩子指着小熊衣服说:"看,这个纽扣已经缝上去了。"还有的说:"这个小熊多了一个口袋。"看来,孩子对小熊可可这本书是非常喜欢的,孩子经过一年多时间的读绘本,也学会了分析和思考。这是多么值得高兴的事!

第一页，妈妈带着丽莎去洗衣服，丽莎一手抱着小熊，一手帮妈妈提衣服——说实在的，图上看不清丽莎是帮妈妈提着要洗的衣服，还是拉着妈妈衣服，但孩子们都认为在帮妈妈提衣服。到了洗衣店，丽莎把小熊放到椅子上，就去帮妈妈洗衣服了。我对孩子们说："丽莎真是个好孩子，不但帮妈妈提衣服，还帮妈妈洗衣服。"孩子很聪明，马上有孩子说："我要帮妈妈洗衣服，妈妈总是让我到一边玩去吧！"我笑了笑，说："我知道大家都是好孩子，都想帮妈妈干活，以后我们可以帮一些能干的事，比如，吃饭时帮妈妈拿筷子。爸爸、妈妈下班回到家，帮他们拿一下拖鞋、捶捶腿，好不好？"孩子们不住点头。有时我也在反思自己，是不是太功利化了，老想把握每一次教育的机会，真担心会把孩子弄得很敏感，老想着我会有什么问题等着他们。于是我不断提醒自己：回到故事本身，让孩子专心听故事，享受故事的情节，随着年龄的增长自己去理解就好。

小熊听到妈妈让丽莎把口袋里的东西掏出来，可是发现自己没口袋，就悄悄滑下椅子，找东西做口袋去了。可可钻进一个洗衣袋里玩起来，丽莎和妈妈洗完衣服该回家了，却找不到可可了，很着急。由于天太晚了，洗衣店工作人员要下班了，丽莎恋恋不舍地走了。我说："这可怎么办呢？"有的孩子说："可可太不听话了！"也有的说："再找找吧？"看孩子很感兴趣，就说："我们走丢了，爸爸妈妈也肯定着急。假如你在商场丢了，怎么办？"马上有孩子说："给妈妈打电话！"我肯定地说："不错！所以我们一定要记住爸爸妈妈的电话。"也有孩子说："找商场的警察。"看来孩子还是很有安全意识的。有一个小女孩说："找穿工作服的阿姨帮忙。"我夸奖了孩子，接着讲故事。有兴趣的引导和功利性的教育是不一样的，前者激发孩子思考，在听故事中成长，后者则容易让孩子失去听故事的兴趣。

最后，一个戴着贝雷帽的艺术家发现了可可，把浑身湿湿的可可烘干后，放在了一台洗衣机上。这也是一个很人性化的举动，但我只是让孩子感受，并没过多说明，这些更应该潜移默化地进入孩子的眼里、心里。

晚上，小熊可可又开始找做口袋的东西，它惊喜地发现了一些白花花的东西，"这是雪吧?"可可说。孩子经验少，没反应，我接着讲："我洗衣服好像用的是这些!"于是马上有孩子说："是洗衣粉!哦，不是雪。"孩子们顿悟。"哦，原来白白的东西是洗衣粉啊!可可不知道呢，我们小朋友都知道!"我装作顿悟地说。

第二天，丽莎早早就等在洗衣店门口，第一个进店找可可。找到可可后，她紧紧地抱着可可问："我记得告诉过你要等我，你怎么走开了?""我想去找个口袋。""噢，可可!你怎么不早告诉我你想要个口袋?"丽莎说着，亲热地紧紧抱了可可一下。我平和、亲切地读这一段话，我想让孩子明白，在以后的生活中，会有很多意外，要学会平静和理解。我不知道孩子能明白多少，我想，也许有一天遇到某件事时，今天这个情景会突然出现在孩子的脑海，对孩子有所帮助，有所启示，也就达到我的目的了。

最后一页，细心的丽莎不但帮可可缝了一个大大的口袋，还帮可可写了名字放在口袋里。可可再也丢不了了!故事讲完了，丽莎和可可互相碰着小鼻子的温馨画面还吸引着孩子。

49. 看着孩子成长

"可可,你就坐在这儿,等着我。"丽莎说,"我去帮妈妈洗衣服。"

　　本来我想接着给大二班讲故事,把"小熊可可"系列三本讲完。看到他们老师正给孩子讲故事,就来到大三班。讲故事中我能感到大三班孩子对故事的兴趣的程度没有大二班高。另外通过讲故事也更清楚,在大班女孩子和男孩子的区别已很明显,女孩子变得更细腻,喜欢布娃娃,喜欢帮妈妈做家务等,所以女孩更喜欢这本《小熊可可的口袋》。

　　这本书正好讲丽莎和妈妈去洗衣店洗衣服,这也是女孩子比较感兴趣的,听故事的女孩居多。讲到小熊听到妈妈告诉丽莎,洗衣服一定要掏口袋,别把里面装的东西弄湿了时,女孩们都在谈论自己的口袋,比口袋大小,说颜色,以及有什么用。我接着话题说:"下次洗衣服时,我们也要掏掏口袋呀。"一个女孩说:"我妈妈洗衣服,就没掏口袋,把钱洗湿了。""我爸爸的钱。"她又补充。我说:"下次可以帮妈妈掏一下衣服口袋。"大家都表示以后要提醒妈妈,有的还主动说要帮妈妈掏口袋。

讲到可可为了找一块做口袋的东西,钻进了一个装衣服的袋子,可可感觉钻进了山洞,我一直没这感觉,可是孩子们都很认同,他们感觉那个袋子大大的、里面黑黑的,就是山洞,大班孩子和中班孩子都是这么认为的。看来大人和孩子认知是有区别的。

小熊浑身湿透了,艺术家把它的背带裤烘干,孩子对湿湿的小熊非常感兴趣,我想孩子们可能都有尿裤子的经历吧,就问:"你们尿过裤子吗?"孩子竟异口同声地说:"没有!"我不由笑了,看来孩子们都很在意的,认为这是很没出息的事。有一个小女孩说:"我见小班弟弟尿裤子了。"另一个接着说:"我也见了。"于是很多孩子附和着:"对,小班才尿裤子呢!"孩子们多可爱!他们不说,自己小班时尿过裤子,而换成是现在小班的孩子尿裤子。我开心地说:"那我们也帮他们烤烤吧。"有些事还是给孩子留个面子吧。

晚上,小熊可可自己在洗衣店,又开始寻找可以做口袋的东西了。有个男孩见到一箱子白花花的东西,他说:"这是雪!"孩子们都知道肯定不是雪,但还没想出到底是什么。又一个猜想说:"是白面。"我想提醒一下,还没说出口,一个女孩说:"洗衣服的东西吧?"她可能知道了是什么,但又说不出具体的名字来。这时另一个小女孩马上接口:"是洗衣粉!"我伸出大拇指说:"你们都很善于观察!"看来,有时候我们还真不要急于说出答案,慢慢等待更有收获。这样才能让孩子有更多思考,更快成长。接着装洗衣粉的箱子倒了,可可跟着洗衣粉滑了下来,正好掉在一个洗衣篮里。有一个女孩说:"这个篮子没盖。"我故意说:"为什么?"她说:"有盖子就坐到盖子上了,掉不到篮子里面了。"我体会着,看着孩子成长,是一件幸福的事!

第二天,丽莎找到了可可,知道可可是想要一个口袋才走失了,就帮可可缝了一个袋子，并帮可可写了一个名字放到口袋里。

　　故事讲完了，我合上书。有一个孩子指着封面说："看，它背带裤是绿色的，我喜欢。"又一个说："它的口袋是紫色的，才漂亮！"于是大家都关注起了可可身上的颜色，还有的说："喜欢它黄色的毛。"借着这个机会，我正好延伸说："那你们可以把它画出来！"孩子们纷纷表示赞同，我告诉孩子吃完饭就可以干这个工作。有时候延伸活动要根据孩子实际情况来进行调整，而不能照本宣科一味按自己预设的进行。

50. 可爱的孩子们

(故事绘本:《小熊可可走丢了》,[美]唐·弗里曼 著,刘宇清 译,新星出版社)

因为发现中一班孩子对这套书格外感兴趣,我决定把这一套"小熊可可"在中一班讲完。

今天我刚进中一班,有孩子就问,还是小熊可可吗?我说:"是啊!"孩子们高兴地围上来。这种被围着,被需要的感觉真是很幸福!

我问孩子们,记得前两本故事叫什么吗?我想孩子不一定能说出来,因为孩子们都是只听了一次这个故事。没想到多数孩子都能说出来《小熊可可》和《小熊可可的口袋》的书名。我很是惊喜!更是知道了孩子们对感兴趣的事,总是很容易记住。提醒我们教育教学一定要尊重教育规律,按孩子成长规律设计活动,用孩子感兴趣的方法教学。

《小熊可可走丢了》讲述了可可听说丽莎要过生日，偷偷跑出去给丽莎找生日礼物的故事。最后，他们发现，好朋友在一起就是最好的礼物。

故事中讲到可可走进电梯，看到按钮，认为那是游戏机，想拿游戏机给丽莎做礼物。孩子们有的认为那不是游戏机，这肯定是坐过电梯的。很多孩子一听说"游戏机"三个字，注意力一下就转移到打游戏上了。可以看出这部分孩子，在家喜欢打游戏，并且很上瘾。我只好把孩子注意力转移回来，"我要上五楼怎么办？"一个孩子说："按数字5。""下到一楼呢？"这样一问，孩子们的注意力都回到故事上来了，大家一块说："按1。"可可来到一楼，走出楼门，发现那悬在街对面楼顶上空的，正是它要找的礼物。它要找什么？孩子们一下发现了那个圆圆的、黄色的东西。可可说那是它见过的最漂亮的气球，它想把这个送给丽莎。有孩子说："那不是气球，那是太阳！"我没说话，翻过来继续讲：天还黑的时候出门。我故意慢慢地，拉长了声音。有的孩子反应快，马上说："不是太阳，是月亮！"

丽莎到报亭粘贴寻找可可的启事，发现可可正在报亭帮忙卖报。为了感谢可可帮忙卖报，报亭老板甘泽尔先生送给可可一个大大的棒棒糖。这个棒棒糖的样子和可可看到的天上的月亮一样。

由于找到了好朋友，丽莎和可可都很高兴。孩子们谈起了自己的生日和生日礼物。孩子们都说，妈妈给买了蛋糕，爸爸给买了奥特曼……"可是妈妈生日时，你们送妈妈礼物没有？"我转移了话题，孩子们一下沉默了。我有一点点后悔，让孩子失去笑脸似乎很残忍，但这儿应该让孩子知道："爱，不仅仅是被爱，也要学会爱。"我问孩子："收到礼物高兴吗？"孩子们都点点头。我接着问："妈妈收到礼物高兴吗？"孩子又活跃了，齐声说："高兴！""那妈妈生日时，我们也送个礼物，好不好？"有孩子说："我没钱。"我笑了："小熊可可也没钱呢。"

于是有孩子说："给妈妈做张贺卡。"有孩子说："亲亲妈妈，抱抱妈妈。"还有一个孩子说也像可可一样帮别人干活，换礼物给妈妈。孩子们真的好可爱！就让孩子们这样慢慢成长吧！

延伸阅读：《小狐狸买手套》，［日］新美南吉 文，黑井健 图，彭懿、周龙梅 译，贵州人民出版社

51. 生日快乐！

可可的耳朵一下子竖起来。
"丽莎要过生日了，可是我还没有一个礼物给她呢。"他对自己说。
他盯着车窗外一家一家的商店，心想：她会喜欢些什么呢？

　　同一本书，孩子关注的热点是不一样的，可能与年龄有关，与生活经验有关，也与讲故事的人有关。

　　在大班讲《小熊可可走丢了》又是另一种收获。丽莎和妈妈坐公交车回到家，妈妈坐电梯上楼，丽莎爬楼梯，为了比妈妈先到，丽莎一步跨两个台阶。讲到这儿男孩就热闹起来，有的说："我也是这么上楼梯的。"有的说："我能上三个台阶。"还有的说："我能从楼顶一下跨到下面。"别的孩子开始取笑他："那就摔死了！"大家都哄笑起来——大班孩子已经有了自我意识和攀比意识，中班孩子几乎没这意识呢。终于有孩子说："这样危险，要一级一级上。"看来大班孩子已有安全意识了。为了让孩子避免

158

逗英雄，模仿英雄，我接着这个话题让孩子们继续讨论："那么高摔下来会摔成什么样子？"孩子有的说："要流血。"有的说："要住院，要打针。"还有的说："要做手术。"说到做手术，话题又多了，有孩子说："要把脑袋切开，再缝上。"有的说："要流很多很多的血，需要用白布一圈一圈缠上。"我还没问"那摔破了怎么办？"孩子们都已经把这个问题解决了。同时我发现讨论这个问题的多是男生。我接着说："谁愿意摔成这样啊，肯定很疼。"孩子才意识到，这样是危险的。这也算是打个小小预防针吧！

小熊可可听说丽莎要过生日，很想送丽莎一个礼物，就趁丽莎还没睡醒时跑了出来。天还黑，月光照着可可，在它身前形成一个阴影。我还没讲呢，一个男孩就说："小熊是不是尿了。"我说："看着像。但为什么墙上也是呢？"孩子们开始留意起来，我提醒孩子这是晚上，但并没多解释。让孩子慢慢去悟吧！

小熊来到电梯里，发现了墙上的按钮。小熊说："这看起来像游戏机！"孩子们都笑了，说："那是电梯按钮，不是游戏机。"还说："我坐过，按上面的1、2、3、4、5、6，就会到那一层。"孩子还知道数字对应的那个钮，会亮起来。孩子还讨论其他每个钮都是干什么用的。孩子们在主动地分享他们的生活经验，这确实可以让孩子学到不少东西。我在这儿加了一句："你们再坐电梯时，看看盲人怎么知道按键是几。"也许这会让他们再坐电梯时注意吧。

可可不会用电梯，上去下来，下来上去，来来回回好几次，电梯终于停在一层，门开了。"可可发现对面楼顶有一个圆圆的、大大的、黄色的气球。"我加重语气读，马上有孩子说："不是气球，是月亮。等可可出门，发现气球不见了。跑哪儿去了？忽然发现它跑到街尽头了。"有孩子接过话说："你走，月亮就走，月亮跟着你走。"孩子知道的还不少呢。在知识储备上大班已明显多于中班了。

清晨，可可被一只大狗叼到了一捆报纸上，被报亭老板发现。于是可可开始对买报纸的顾客微笑。报亭柜台上放着几个大大的、圆圆的棒棒糖,我还没说,孩子们就发现了,看得出有些孩子很喜欢吃呢。当丽莎找来时,可可又睡了一觉。梦里还想着送给丽莎的大气球。当丽莎抱走可可时,报亭老板送给可可一个棒棒糖。孩子们说:"这更像气球!"但谁也没说,可以把它送给丽莎当生日礼物。故事中也没说。

丽莎抱着可可高兴地跑回了家。丽莎对可可说:"我唯一想要的生日礼物就是我最好的朋友回家。"孩子们谈起了自己的生日礼物。有的说妈妈给买生日蛋糕,有的说爸爸买其他礼物。当我问妈妈过生日时送礼物吗?我记得在中班问时,是没反应的。大班有一个男孩告诉我,他会给妈妈一个吻。这让我好感动,我还从没给过妈妈一个吻或拥抱呢!我告诉孩子们在妈妈生日时,给妈妈唱一首歌,给妈妈一个吻,妈妈就会很开心。因为这就表示我们爱妈妈。我希望孩子们,也希望我们每一个人能够大胆地表达出自己的爱。

延伸阅读:《第五个》,[奥]恩斯特·杨德尔 文,[德]诺尔曼·荣格 图,南海出版公司